Le harcèlement moral dans la vie privée
Connaître la loi pour mieux l'appliquer

Collection Antidote(s)
dirigée par Chantal Hincker

Créée en septembre 2012, la collection Antidote(s) donne des coups de projecteur sur une réalité sociale, économique, politique et culturelle en mutation, à partir de personnes ou d'organisations, qui ouvrent des clairières nouvelles grâce à leur intelligence des choses du monde. Les auteurs de la collection viennent d'horizons très variés, apportant des éclairages singuliers du lieu de leur pratique. Ils donnent des pistes de réflexion à un public en recherche de repères, à partir d'essais, de récits de vie ou d'entreprises, de témoignages, mais surtout, en lui permettant de construire sa propre interprétation de la réalité sociale et de mieux s'y ancrer. Antidote(s) aux idées reçues, au conformisme, au découragement, aux fanatismes, à la violence dans tous ses états, à toutes les formes d'immobilisme qui donnent de la société une idée fausse. Traverser les crises dans le mouvement de la vie.

Déjà paru

Laurent HINCKER, *Le harcèlement moral dans la vie privée,*
Une guerre qui ne dit pas son nom, novembre 2012

Patrice HABERER, *Mots sauvages,*
La forêt dernier refuge du sauvage, octobre 2013

Patrick AÏCH, *Grandir entre deux cultures,*
Une bille de terre contre une bille de verre, avril 2013

Patrick POIRRET, *Le Téléphone de Grand Danger,*
Un téléphone pour sauver la vie des femmes, décembre 2013

Richard HELLBRUNN, *À poings nommés,*
Genèse de la psychoboxe, avril 2014

Zaïr KEDADOUCHE, *Citoyens contre le racisme*
et les discriminations, juin 2014

Jean-Claude GENOT, *Plaidoyer pour une nouvelle écologie*
de la nature, décembre 2014

Michèle LARCHEZ et Nicolas ENGELS-LARCHEZ,
Parcours avec autisme(s), mars 2015

Sous la direction de Richard HELLBRUNN, *Au vif de la violence,* mai 2015

Luc MISSOUM, *L'image de guerre à quel prix ?*
Sur les traces du grand reporter Karim Baïla, novembre 2015

Laurent HINCKER

LE HARCELEMENT MORAL DANS LA VIE PRIVEE

Connaître la loi pour mieux l'appliquer

Nouvelle édition

L'Harmattan

Du même auteur

Sous la direction de Roland COUTANCEAU, *Violences conjugales,*
chap 3,
Violences conjugales et harcèlement moral en France et en Europe,
Dunod, 2016

Sous la direction de Roland COUTANCEAU, *Violences psychologiques,*
chap 1, Violence psychologique dans la famille,
Dunod, 2014

Sectes, Rumeurs et tribunaux.
La République menacée par la chasse aux sorcières ?
Éditions La Nuée Bleue, 2003

Sous la direction de J.M. Bessette,
Crime et culture, article Violence urbaine et médiation, pour une
approche psycho-polémologique de la violence urbaine,
Éditions l'Harmattan, 1999

Peut-on aider les victimes ?
Ouvrage collectif, Édition Eres, 1986

© L'Harmattan, 2017
5-7, rue de l'École-Polytechnique ; 75005 Paris
http://www.editions-harmattan.fr
ISBN : 978-2-343-12664-7
EAN : 9782343126647

Introduction

La première édition de cet ouvrage fin 2012, s'ouvrait sur le constat d'une dépêche tombant dans la presse régionale, lapidaire et froide, quelques lignes factuelles au milieu d'une foultitude d'informations que chaque citoyen traite en fonction de ses centres d'intérêts, sa disponibilité d'esprit, ses soucis, ou son humeur du jour : « Alors qu'un individu rend visite à son ex-épouse et ses trois enfants, âgés de 3 à 12 ans, il porte à celle-ci plusieurs dizaines de coups de couteau et l'égorge, sous les yeux de ses enfants… L'auteur n'avait pas accepté la séparation. » Un fait divers parmi d'autres, particulièrement à cette époque.

Combien d'entrefilets dans nos quotidiens mentionnent-ils le surgissement de ce type de violence physique ? La mention de « fait divers » enferme ces drames à répétition dans une triste banalité, encore aujourd'hui. Sans doute parce qu'il y a là quelque chose qui nous dérange. En effet, derrière ces faits récurrents, flotte le voile noir d'un fléau qui travaille notre société de l'intérieur, dans ses profondeurs les plus intimes. Les moins avouables.

Il y avait bien eu la loi du 26 mai 2004 relative au divorce. Elle avait certes instauré le « référé violences conjugales », mais force était de constater que ce référé était peu appliqué. Pour le reste, la législation ne comportait que quelques textes divers, parcellaires et tâtonnants. Leur existence dénote malgré tout l'émergence d'un problème qui commence à sourdre de façon récurrente dans l'opinion publique et la sphère médiatique. Émergence seulement… Que recouvre la réalité des violences faites aux femmes et leurs conséquences sur les enfants ? Si aujourd'hui, la société commence à reconnaître l'ampleur de ce phénomène partout dans le monde en ce qui concerne la violence physique, il n'en demeure pas moins que le harcèlement moral dans la vie privée n'est toujours pas pris en compte au niveau réel où il devrait l'être. La société se réfugie dans le déni chaque fois que ses fondements anthropologiques les plus rassurants sont bousculés. On parle confusément de « conflits conjugaux », de « violences faites aux femmes » ; on rappelle parfois que les hommes aussi peuvent en souffrir… On use d'une forme plurielle, mais ce faisant on ne parle jamais que de violence physique, gommant au passage cette forme de violence bien plus sournoise, bien plus puissante, que constituent le harcèlement moral, la violence psychologique et morale. La violence psychologique tue à petit feu. Combien de femmes sont – ou ont été – victimes de harcèlement, se sont retrouvées mutilées de l'intérieur, alors même que les blessures ne sont pas toujours visibles, à l'extérieur ? Pourquoi parle-t-on si peu des traumatismes de ces femmes et de leurs enfants ? Pourquoi passe-t-on sous silence, avec une fausse pudeur de circonstance, ces suicides de femmes qui finissent par s'effondrer ? Pourquoi préfèrent-elles la mort à l'enfer qu'elles vivent dans leur vie privée ? Aujourd'hui encore, des dizaines de millions de femmes sont condamnées à se taire en France, à cause de l'omerta familiale et du huis-clos judiciaire. Est-ce qu'une démocratie digne de ce nom, une nation historiquement de droits humains, a le droit de continuer à se voiler ainsi la face ?

La loi du 26 mai 2004, en dépit de ses imperfections, avait au moins eu le mérite de provoquer un premier déclic en France, au niveau social, judiciaire et législatif. Les taux de révélation et de judiciarisation des violences faites aux femmes ont commencé à être publiés, à être de mieux en mieux connus. Des réactions se font fait entendre. Les associations se sont multipliées. La lutte contre les violences faites aux femmes a pris son essor. Au-delà de la violence conjugale, la violence domestique est enfin nommée.

En effet, depuis plus de dix ans, à Strasbourg, le Conseil de l'Europe travaillait sur cette problématique, mais dans une acception plus large qu'en France. La question de la violence conjugale a été élargie à celle de la violence domestique, et donc à ses conséquences sur les enfants qui en sont témoins. Et c'était nouveau ! Prisonnière de ses habitudes, la France était en retard sur le plan législatif. Elle allait devoir se mettre aux normes européennes. Elle n'avait pas le choix. Mais elle a su prendre son temps, en jouant sur ses lourdeurs administratives.

Le 27 juin 2009, au Palais du Luxembourg, l'Atelier européen, dont je suis le président fondateur, organise avec d'autres associations un colloque intitulé « Prévention des violences intrafamiliales : vers une grande cause nationale en 2010 ? Législation comparée en Europe », et sous-titrée :

« Violence psychologique et harcèlement moral dans le milieu familial. Et les enfants dans tout ça ? » L'association, composée de juristes – avocats et magistrats de niveau national et international – de sociologues, d'universitaires interdisciplinaires et de chefs d'entreprises, a pour vocation de réfléchir aux grands enjeux de société à partir du droit, au croisement des sciences humaines, afin de proposer des solutions pratiques nouvelles, et d'agir de concert sur le terrain. Un an auparavant, nous avions déjà organisé un colloque qui avait pour but d'établir un état des lieux du harcèlement moral dans l'entreprise. Nous avons par la suite abordé la problématique du harcèlement dans la vie privée en dressant une comparaison avec le monde de l'entreprise, car les scénarios et stratégies du harcèlement sont semblables. La question dramatique des conséquences du harcèlement conjugal sur les enfants a également été soulevée à cette occasion.

Le 7 juillet 2009, le rapport des deux députés Guy Geoffroy et Danielle Bousquet, est publié. Il est rédigé au nom de « la mission d'évaluation de la politique de prévention et de la lutte contre les violences faites aux femmes ». Ce rapport pointe de façon alarmante les immenses carences existant dans ce domaine en France. Les voyants d'alerte sont au rouge, il faut légiférer au plus vite.

Suite à ce rapport, l'Assemblée Nationale vote, de manière consensuelle, la loi n° 2010-769, du 9 juillet 2010, relative « aux violences faites spécifiquement aux femmes, aux violences au sein des couples et aux incidences de ces dernières sur les enfants ». Nous verrons comment elle définit la notion de violence, son champ d'action, et les mesures qu'elle prend pour y remédier. Cette loi a été votée sous la pression du Conseil de l'Europe à Strasbourg, la France n'a fait que se mettre aux normes européennes.

La loi du 9 juillet 2010 prévoit que deux rapports soient déposés en juin 2011, l'un sur la création d'un Observatoire national des violences faites aux femmes, l'autre sur la formation nécessaire des différents professionnels liés à cette problématique. Juin 2011 se termine, chacun pense à la période estivale qui va commencer, et aucun des deux rapports exigés par la loi n'est remis.

Finalement, le 15 décembre 2011, le Sénat se saisit du problème. « Connaît-on l'exacte ampleur de ce fléau, alors que la loi du silence existe encore par peur de représailles ou par honte ou parce que les victimes ignorent encore leurs droits ? » De nombreux sénateurs déposent une Proposition de Résolution qui dénonce le fait que près de dix-huit mois après son vote, la loi du 9 juillet 2010 n'a pas été vraiment mise en œuvre alors que « la lutte contre les violences à l'égard des femmes en général, et au sein des couples en particulier, ne peut souffrir aucun répit ». Cette Proposition de Résolution du Sénat est votée le 13 février 2012.

Auparavant, la Commission des lois constitutionnelles, de la législation et de l'administration générale de la République, s'est réunie le 17 janvier 2012. Elle est chargée de vérifier l'application des lois. Les députés Guy Geoffroy et Danielle Bousquet présentent leur rapport d'application de la loi n° 2010-769 du 9 juillet 2010. La loi a-t-elle été appliquée ? Avec quels moyens ? Dans quel périmètre ? Que reste-t-il à mettre en œuvre ? Nous verrons les raisons pour lesquelles elle a été si peu opérationnelle et tenterons d'en expliquer les causes.

Les lois accompagnent l'évolution des mœurs, elles devraient être en avance sur leur temps. Mais les forces internes de la dynamique sociale sont autant de freins qui entretiennent l'homéostasie (1) propre à l'idéologie dominante. Quand je parle d'idéologie dominante, ce n'est pas d'un point de vue politique, mais toujours anthropologique. Nos lois sont préparées, débattues, freinées, poussées, votées, mises en application — ou du moins partiellement —, elles peuvent souvent paraître compliquées aux profanes, voire ennuyeuses, et pourtant elles participent concrètement à la dynamique du changement social. La surveillance de la Commission des lois constitutionnelles, celle des diverses institutions de la République, l'activité sans relâche des associations de défense des victimes, l'investissement persévérant de certains magistrats et avocats, font avancer les choses coûte que coûte. Lentement mais sûrement. Voilà pourquoi il est important que le regard croisé des sciences humaines éclaire la compréhension et la mise en application de nos lois. On peut alors mieux comprendre ce qui se joue dans notre vie quotidienne. On peut alors savoir comment réagir en adéquation, comment se protéger. Le problème est « banal et grave », souligne le rapport Geoffroy-Bousquet : « 10 % des femmes en France sont victimes de violence au sein de leur couple, une femme meurt tous les deux jours et demi sous les coups de son conjoint, de son compagnon ou de son ex ». Non, il ne s'agit pas de simples conflits conjugaux. Oui, dans ces cas précis, la violence physique est toujours précédée d'une violence psychologique. Oui, il faut la démasquer, la circonscrire, la sanctionner avant que mort s'en suive.

C'est à partir du lieu de ma pratique professionnelle d'avocat spécialisé en droit pénal, en droit de la personne et des familles, et en droit européen des droits humains que j'ai été amené à traiter ce type de dossiers. Et c'est en tant que citoyen que je me suis investi pour faire avancer cette question sociale essentielle au regard des droits humains. Notre cabinet d'avocats est un cabinet inter-barreaux, spécialiste de cette question de la violence domestique et de ses conséquences sur les enfants. Depuis près de vingt ans maintenant, à Paris et en province, nous luttons pour faire reconnaître les manœuvres destructrices de ceux que l'on nomme communément les pervers narcissiques. Nous préférons les appeler manipulateurs pervers, ou manipulateurs destructeurs. L'expression « pervers narcissique » est actuellement tellement galvaudée qu'elle minore d'elle-même la gravité du problème. Nous accompagnons ces femmes spoliées, traumatisées, détruites, et leurs enfants, ces victimes laminées d'une guerre qui ne dit pas son nom. Nous verrons dans les pages qui suivent qu'il s'agit bien d'une guerre, et qu'il ne faut pas se tromper de combat sous peine de rajouter de la violence institutionnelle à la violence dans la vie privée. Nous intervenons au niveau judiciaire, certes, mais également au niveau associatif, au niveau informatif dans des colloques, au niveau consultatif dans des commissions au sein du Conseil de l'Europe. Nous menons une réflexion générale qui nous fait sans cesse aller et venir de la théorie à la pratique, au nom des droits humains, motivés par le souci de faire évoluer la société française dans sa dimension humaniste.

L'objectif de ce livre consiste à ouvrir une clairière dans la jungle de cette violence sociale capable de détruire femmes et enfants quand leur destin croise malheureusement un manipulateur destructeur, que ce soit dans une famille, dans le monde de l'entreprise ou ailleurs. Quel bilan peut-on faire de cette violence au sein des familles dans la loi du 9 juillet 2010, relative aux « violences faites spécifiquement aux femmes, aux violences au sein des couples et aux incidences de ces dernières sur les enfants » ? Comment se définit-elle précisément ? Quels en sont les enjeux pour notre société ? Comment la loi peut-elle accompagner les transformations anthropologiques, sociologiques, psychologiques de la société dans laquelle nous vivons ? Quelles sont ses carences ? Comment peut-elle éradiquer ce fléau de la violence familiale, donc forcément citoyenne, de façon pratique et évaluative ? Comment l'idéologie dominante homéostatique est-elle appelée à évoluer malgré elle ? Comment le principe d'équifinalité (2), source de vie et de transformation, peut-il établir un nouvel équilibre social, plus juste ?

Ce bilan s'inscrit dans le questionnement à l'origine de ma démarche d'anthropologie juridique, démarche qui cherche à comprendre les enjeux humains et sociaux dans les fondements du droit. Façon de rendre la loi vivante et d'appréhender la dynamique du changement social à l'interface du droit et des sciences humaines !

La question de la violence est au cœur de notre vivre-ensemble, aujourd'hui tout particulièrement. Elle est diffuse, poreuse, traverse à tout moment la famille, l'école, le sport, les transports, le travail, l'économie et la planète. Voyons quels en sont les visages masqués quand il s'agit de la vie privée. Des Janus, retors au point de manipuler les institutions judiciaires elles-mêmes. Il s'agit bien d'une guerre qui ne dit pas son nom. Or, quand il est démasqué, le manipulateur destructeur a perdu la guerre.

2017 : cinq années après la première édition de cet ouvrage, les mêmes questions se posent avec la même acuité. La loi du 9 juillet 2010 a été complétée par la loi n° 2014-873 du 4 août 2014 pour l'égalité réelle entre les femmes et les hommes. Dans le même temps, en août 2014, la Convention du Conseil de l'Europe du 7 avril 2011 sur la violence à l'égard des femmes et les violences domestiques (dite Convention d'Istanbul) a enfin été ratifiée par la France le 1er novembre 2014.

Les médias se sont emparés de la problématique partout dans le monde participant largement à une prise de conscience collective. Cependant, si les violences physiques intrafamiliales sont enfin montrées du doigt, dénoncées et condamnées, la violence psychologique et le harcèlement moral demeurent une problématique sociétale aiguë. J'ai donc repris ce texte pour en expliquer les causes en les contextualisant dans l'actualité qui est la nôtre, les éditions l'Harmattan donnent cette chance à un ouvrage d'être indéfiniment réactualisé, et de poursuivre sa vie. La lutte contre les violences psychologiques intrafamiliales et le harcèlement moral nous imposent un parcours d'endurance et un engagement de tous, qui, seuls permettront d'en venir à bout.

QUELQUES REPÈRES JURIDIQUES

- 7 juillet 2009, Rapport parlementaire dit Geoffroy-Bousquet, réalisé dans le cadre de la « Mission d'évaluation de la politique de prévention et de lutte contre les violences faites aux femmes ».

- Loi n° 2010-769 du 9 juillet 2010 relative « aux violences faites spécifiquement aux femmes, aux violences au sein des couples et aux incidences de ces dernières sur les enfants ».

- 7 avril 2011, Convention du Conseil de l'Europe (dite Convention d'Istanboul) : « Convention du Conseil de l'Europe sur la violence à l'égard des femmes et la violence domestique ». Ratifiée par la France le 1er août 2014, entrée en vigueur le 1er novembre 2014.

- 15 décembre 2011, Proposition de Résolution du Sénat, déplorant une application « lacunaire ou insuffisante » de la loi du 9 juillet 2010. La résolution est adoptée le 13 février 2012

- 17 janvier 2012, Rapport parlementaire Geoffroy-Bousquet d'évaluation de l'application de la loi du 9 juillet 2010, soulignant essentiellement que les deux rapports sur la formation des professionnels et l'observatoire national des violences faites aux femmes, attendus en juin 2011, n'ont pas été remis, et que la loi du 9 juillet 2010 n'est que faiblement appliquée.

- Directive 2012/29/UE contre les violences domestiques du 25 octobre 2012 de l'Union européenne et transposée par la France par la loi N° 2015-993 du 17 août 2015.

- Décret N° 2013-07 du 3 janvier 2013 créant la MIRPROF (Mission Interministérielle de la protection des femmes et la lutte contre la traite des êtres humains).

- Loi n° 2014-873 du 4 août 2014 pour l'égalité réelle entre les femmes et les hommes, chapitre 1er titre III.

- Loi N° 2015-1402 du 5 novembre 2015 tendant à clarifier la procédure de signalement de situations de maltraitance par les professionnels de la santé.

- 5e Plan de mobilisation et de lutte contre toutes les violences faites aux femmes (2017-2019).

DÉFINITIONS

- **Le harcèlement moral dans la vie privée.**

Il s'agit désormais d'un délit, défini dans l'article 222-33-2-1 du Code pénal comme étant : « le fait de harceler son conjoint, son partenaire lié par un pacs ou son concubin par des agissements répétés ayant pour objet ou pour effet une dégradation de ses conditions de vie se traduisant par une altération de sa santé physique ou mentale est puni de trois ans d'emprisonnement et de 45 000 euros d'amende lorsque ces faits ont causé une ITT inférieure ou égale à huit jours ou n'ont entraîné aucune incapacité de travail, et de cinq ans d'emprisonnement et de 75 000 euros d'amende lorsqu'ils ont causé une incapacité totale de travail supérieure à huit jours. Les mêmes peines sont encourues lorsque cette infraction est commise par un ancien concubin de la victime, ou un ancien partenaire lié à cette dernière par un pacs. »

- **La violence psychologique.**

La loi a créé l'article 222-14-3 comme suit « les violences prévues par les dispositions de la présente section sont réprimées quelle que soit leur nature, y compris s'il s'agit de violences psychologiques ». Cet article transcrit la jurisprudence de la Cour de cassation en matière de violences, laquelle prévoit que « le délit de violences peut être constitué, en dehors de tout contact matériel avec le corps de la victime, par tout acte ou comportement de nature à causer sur la personne de celle-ci une atteinte à son intégrité physique ou psychique caractérisée par un choc émotif ou une perturbation psychologique ».

- **Le «stalking» (art 222-33-2-2 du Code pénal).**

«Le fait de harceler une personne par des propos ou comportements répétés ayant pour objet ou pour effet une dégradation de ses conditions de vie se traduisant par une altération de sa santé physique ou mentale est puni d'un an d'emprisonnement et de 15 000 euros d'amende lorsque ces faits ont causé une incapacité totale de travail inférieure ou égale à huit jours ou n'ont entraîné aucune incapacité de travail». Le même texte prévoit une aggravation des peines lorsque ces faits ont été commis en particulier sur des personnes vulnérables.

- **La violence domestique.**

Elle est définie par la directive 2012/29/UE du 25 octobre 2012 de l'Union européenne et transposée en France par la loi N° 2015-993 du 17 août 2015, qui caractérise la violence domestique comme une violence «pouvant être de nature physique, sexuelle, psychologique ou économique». Elle est également définie par la Convention du Conseil de l'Europe (dite Convention d'Istanbul) du 7 avril 2011 : «Convention du Conseil de l'Europe sur la violence à l'égard des femmes et la violence domestique» qui précise le terme de «violence domestique» comme désignant tous les actes de violence physique, sexuelle, psychologique ou économique qui surviennent au sein de la famille ou du foyer ou entre des anciens ou actuels conjoints ou partenaires, indépendamment du fait que l'auteur de l'infraction partage ou a partagé le même domicile que la victime.

La problématique des violences faites aux femmes

I. Une posture masculine archaïque

Le problème des violences faites aux femmes a progressivement émergé au cours des siècles derniers. Cependant il s'est complexifié, car ce qui faisait violence naguère n'est pas ce qui fait violence aujourd'hui. Et ce qui fait violence dans une culture n'est pas ce qui fait violence dans une autre. Ainsi les seuils de tolérance à la violence varient-ils considérablement en fonction des perceptions et des valeurs des multiples cultures qui composent la société française contemporaine, et il en va de même si l'on se place à l'échelle de l'Europe. La violence est intrinsèque à la nature humaine, mais son appréhension est affaire de construction mentale. Chacun connaît l'image du grand-père tyrannique, terrorisant sa famille. C'était naguère une figure admirée et respectée, une façon normée et normale d'exprimer une forme fondamentale de virilité. Aujourd'hui encore, dans certaines civilisations, la posture du patriarche est fortement valorisée. L'ombre tutélaire du *pater familias* domine au quotidien, comme nimbée d'un halo de permanence. Le fils adulte s'inscrit pleinement dans ce que l'on appelle la « crainte révérencielle » (3). C'est une posture masculine et archaïque qui trouve son fondement anthropologique dans la survie de l'espèce. Les sociétés traditionnelles et communautaristes étaient établies sur la base d'une solidarité mécanique (Émile Durkheim) (4), c'est-à-dire que, de génération en génération, les femmes étaient protégées au sein de la famille. Elles n'étaient pas libres, certes, mais c'était le prix consenti d'une coopération entre les sexes. Leur dépendance ne pouvait être mise en question. À l'origine, ces valeurs structurantes des sociétés traditionnelles communautaristes ont été véhiculées par les religions monothéistes, en Occident notamment. On les retrouve aujourd'hui encore dans tous les dogmes intégristes. Dans cette sorte de pacte social, les femmes ont longtemps subi et accepté en silence différentes formes de maltraitance physique et psychologique. Puis, progressivement, avec le développement de la division du travail, elles sont entrées dans un mode de solidarité organique (4), cette forme de lien où l'interdépendance se renégocie à chaque fois entre les parties concernées et prend des formes multiples. On n'épouse plus quelqu'un en fonction d'un déterminisme sociologique, mais en fonction de ses propres valeurs et d'un contrat singulier. Il n'y a plus une famille unique, mais des familles, au pluriel. Les individus nouent des relations de sujet à sujet, et non plus prioritairement de clan à clan ou de famille à famille. Du même coup, la posture de l'enfant se complexifie. On a longtemps estimé que l'enfant était capable de s'auto-construire au sein d'une famille nombreuse. Il « poussait » tout seul, comme porté par la fratrie, pensait-on. Or avec les progrès de la psychologie, l'enfant est devenu « une personne à part entière », selon l'expression de Françoise Dolto. Il peut être victime de violence ou indirectement témoin de violence. Être témoin ne saurait être anodin.

II. Violence domestique, harcèlement moral dans la vie privée et conséquences sur les enfants témoins : définitions du Conseil de l'Europe

Pour rappel, le jugement historique rendu par la Cour de Strasbourg, le 9 juin 2009, concernait la requérante, Mme Nahide Opuz, ressortissante turque, et sa mère, qui faisaient l'objet de menaces et de coups de la part du mari de la première depuis plusieurs années. Peu intimidé par une simple amende équivalant à 350 euros, il finit par tuer sa belle-mère. Bien que condamné à la prison à vie, il est libéré peu après et recommence à menacer son épouse, qui saisit la Cour de Strasbourg. Cette dernière condamne la Turquie pour avoir violé les articles 2, 3 et 14 de la Convention européenne des droits de l'Homme. Aux yeux de la Cour, la requérante a démontré que la violence domestique affecte les femmes dans la passivité généralisée et discriminatoire des autorités judiciaires turques. Ce texte juridique a une valeur très contraignante. Au-delà de la violation des droits de l'Homme, il met l'accent sur la prévention de ces violations. Le terme de violence domestique trouve un point d'ancrage législatif.

En effet, le 7 avril 2011, le Conseil de l'Europe de Strasbourg adopte une Convention à la signature sur la lutte contre les violences domestiques. Quelques pays parmi les quarante-sept pays membres la signent, le 11 mai 2011. Elle s'intitule la « Convention du Conseil de l'Europe sur la violence à l'égard des femmes et la violence domestique », dite Convention d'Istanboul.

Première institution européenne créée en 1949, à Strasbourg, le Conseil de l'Europe travaille essentiellement sur trois concepts : la Justice, la Démocratie et l'État de droit. Pour l'ensemble de ses quarante-sept États membres, le Conseil de l'Europe protège les droits de huit cents millions de personnes, auxquelles il faut ajouter deux cents millions d'étrangers vivant dans les territoires européens. La Cour européenne des droits de l'Homme est adossée au Conseil de l'Europe. De surcroît, des structures comme le CPT, (Comité de Protection contre la Torture), ou encore le Commissaire des droits de l'Homme se déplacent dans les États membres pour surveiller l'application des conventions du Conseil de l'Europe, notamment la Convention européenne des droits de l'Homme. Les postures de violence psychologique ne sont pas appréhendées de la même façon selon les perceptions culturelles que l'on a de la violence d'un bout à l'autre de l'Europe. La divergence des seuils de tolérance ne permet pas aux quarante-sept États membres de se mettre d'accord facilement.

Comment fonctionne le Conseil de l'Europe ? Il s'articule autour de trois piliers : l'Assemblée parlementaire — elle rassemble les députés des pays nationaux, lesquels se réunissent une fois par trimestre — un Comité des ministres et le Comité des pouvoirs locaux et régionaux (CPLR). Les nations y sont représentées, mais également les régions. *In fine*, un quatrième pilier vient de se rajouter, celui des plateformes de la société civile, des OING, organisations internationales non gouvernementales. Elles jouent un rôle très important. Elles se réunissent dans des conférences une fois par trimestre, en même temps que l'Assemblée parlementaire. Ce problème spécifique de la violence domestique est essentiellement travaillé au sein de la plateforme « égalité homme-femme » à laquelle je participe en tant qu'avocat membre d'une OING consultée par le Conseil de l'Europe. Alors qu'elles avaient initialement un rôle consultatif, ces OING ont acquis un rôle participatif depuis 2003. Leurs propositions sont véritablement prises en compte pour la rédaction des conventions par l'Assemblée parlementaire. D'un côté, les experts, de l'autre les représentants de la société civile. Tous travaillent à leur niveau de représentation, puis mettent en commun leurs propositions. C'est un excellent exemple de fonctionnement institutionnel qui permet à la société civile d'intervenir à partir de son expertise du terrain.

Pour la première fois, donc, sur la base du rapport de l'ensemble des experts du Conseil de l'Europe, la Convention du 7 avril 2011 s'aventure au-delà des violences conjugales, puisque l'on y parle des violences domestiques. Jusque-là, traditionnellement, on estimait qu'il pouvait y avoir de la violence au sein du couple, qu'il s'agisse de femmes ou d'hommes d'ailleurs, mais on clivait – en France, on continue à cliver – les violences faites aux femmes et la problématique des enfants. Cliver est la meilleure façon de ne pas voir ce qui dérange. Dès lors qu'ils ne sont pas atteints par des maltraitances physiques directes, on considère qu'ils sont peu concernés par les violences conjugales. Dans une logique assez simpliste et caricaturale, on défend l'idée que l'on peut être un mauvais conjoint maltraitant, et néanmoins un bon parent. Les experts du Conseil de l'Europe le contestent formellement. Qui sont-ils en fait ? Ce sont les meilleurs experts professionnels locaux, de tous les domaines de la vie sociale, désignés dans chaque pays membre afin que le Conseil de l'Europe puisse les consulter dans son enceinte. Ils se rencontrent dans le cadre de commissions traitant de sujets tels que les violences conjugales, les prisons, la démocratie, etc. Avec une unanimité quasi absolue, ces experts soulignent que, même lorsqu'un enfant n'est pas victime directe d'un parent maltraitant, il en est néanmoins victime à part entière en tant qu'enfant témoin. Un enfant témoin de violences entre ses parents ne peut qu'en souffrir. Si les séquelles psychologiques ne sont pas toujours apparentes d'emblée, elles apparaîtront néanmoins au fil de son histoire de vie. Ces experts du Conseil de l'Europe préconisent d'adopter pour les enfants des mesures d'ordre procédural tant dans la phase d'enquête que durant la procédure judiciaire, d'harmoniser les droits des enfants dans tous les domaines. C'est une avancée ! On propose que les enfants soient accompagnés psychologiquement, juridiquement, et que l'on prenne en compte leur souffrance. On dépasse la problématique du couple conjugal, pour soulever celle de la cellule familiale tout entière.

La Convention du Conseil de l'Europe a donc le mérite de donner des définitions précises. L'article 3 définit « la violence à l'égard des femmes ». Il indique clairement « qu'elle doit être comprise comme constituant une violation des droits humains fondamentaux et une forme de discrimination ». L'article 3 (b) spécifie ce que l'on appelle violence domestique. Elle couvre les actes de violence physique, sexuelle, psychologique ou économique qui surviennent au sein de la famille ou du foyer, quels que soient les liens biologiques, ou familiaux tels que reconnus en droit. La violence économique est une forme de la violence psychologique souvent méconnue, mais toujours présente dans le harcèlement moral. La violence domestique inclut principalement deux types de violence : la violence entre partenaires intimes, qu'il s'agisse de conjoints ou de partenaires actuels ou anciens, et la violence intergénérationnelle qui survient généralement entre des parents et des enfants.

L'article 33 définit plus loin le délit de « violence psychologique ». Les rédacteurs ont convenu d'appliquer une sanction pénale en cas de conduite intentionnelle qui porte gravement atteinte à l'intégrité psychologique d'une autre personne par la contrainte ou la menace. Notons que l'interprétation de l'« intention » est laissée à l'usage du droit interne de chaque pays membre, tant il est vrai que cet aspect du problème renvoie à des constructions mentales propres à chaque culture. Il est mentionné que la violence psychologique précède ou accompagne souvent la violence physique et sexuelle dans les relations intimes (violence domestique).

Enfin, l'article 34 caractérise le « harcèlement moral » dans son acception globale (communément appelé « stalking ») comme étant une infraction à part entière en Europe. Elle le définit comme la conduite intentionnelle d'une personne qui adopte de manière répétée un comportement menaçant dirigé vers une autre personne, au point que cette dernière craint pour sa sécurité. Cela comprend donc tout comportement régulièrement menaçant à l'égard d'une personne, ayant pour conséquence de générer un sentiment de crainte. Le comportement menaçant peut consister dans le fait de suivre une personne de manière répétée, d'engager une communication non désirée avec elle, ou de lui faire savoir qu'elle est épiée. Cela inclut le fait de suivre physiquement une personne, d'apparaître sur son lieu de travail, son centre sportif ou son établissement scolaire, de même que de la suivre dans le monde virtuel (espaces de discussion, sites de réseaux sociaux, etc). Cet article 34 énonce bien un délit de violence psychologique apparaissant au-delà du harcèlement entre conjoints ou ex-conjoints, qu'il nomme délit de « stalking ». La loi française du 9 juillet 2010 ne retient le harcèlement moral que de façon limitative, uniquement lorsqu'il est exercé dans le couple, alors qu'il a déjà été reconnu dans de nombreux pays européens dans sa définition générale de « stalking ».

Que fait donc la France en 2010 ? Elle est membre du Conseil de l'Europe, mais elle est un peu prisonnière des habitudes de ses professionnels. Initialement, le rapport dit Geoffroy-Bousquet de 2009 qui n'ignore rien de ces travaux de fond menés depuis une dizaine d'années au sein du Conseil de l'Europe – il s'agit en fait de mettre la France aux normes de l'Europe — est réalisé au nom de « la politique de prévention et de lutte contre les violences faites aux femmes ». Ce rapport incite à prendre la mesure de la gravité de la violence faite aux femmes. Que pointe-t-il du doigt de façon si alarmante ?

Il relève un certain nombre de faits avérés par l'enquête ENVEFF (enquête nationale sur les violences envers les femmes) publiée dans INED, Population et sociétés, n° 364, de janvier 2001.

Les violences au sein du couple sont notamment caractérisées comme un phénomène de masse, à la fois « banal et grave », qui reste mal connu.

« Le huis-clos familial est l'espace dans lequel les violences physiques à l'encontre des femmes sont les plus nombreuses. [...] Afin d'analyser les ressorts au sein du couple, celles-ci doivent au préalable être distinguées du conflit conjugal ».

« Il faut éviter de faire des amalgames entre violence et conflit : le conflit est interactif, la violence est univoque » indiquait ainsi Mme Maryse Jaspard, démographe et directrice scientifique de l'ENVEFF. « [...] 10 % des femmes en

France sont victimes de violence au sein de leur couple, une femme meurt tous les deux jours et demi sous les coups de son conjoint, compagnon ou de son ex. […] Il existe, en effet, souvent un continuum de violences entre celles qui paraissent comme anodines et les plus graves. Une femme est rarement tuée par son compagnon ou ex-compagnon sans qu'aucune violence antérieure n'ait été signalée. Ces deux chiffres sont donc les deux faces d'une même réalité, celle d'une violence grave et ordinaire subie par les femmes au sein du couple.»

Le rapport souligne en outre que certaines femmes subissent simultanément plusieurs types de violence au sein de leur couple : « la proportion de femmes victimes d'un cumul de violences – physiques, sexuelles et psychologiques – est de quelque 3 % ». Sachant que l'enquête ENVEFF a été publiée en 2001, et que depuis les taux de révélation ont augmenté, on peut en conclure que la réalité dépasse le constat lui-même.

« Le taux de révélation est très bas, les données sont tout à fait lacunaires. […] Les conséquences sociales et économiques sont majeures. On déplore des incidences dramatiques sur la santé des victimes et un coût économique évalué à plus d'un milliard d'euros par an ».

Les violences faites aux femmes touchent toutes les couches sociales et tous les territoires. « Les violences conjugales traversent tous les milieux sociaux et […] leurs fréquences n'ont pas de relation directe avec le niveau de formation ou la catégorie professionnelle et sociale de la femme et de son conjoint », confirme la sociologue Marylène Lieber à propos des résultats de l'enquête.

L'importance accordée à la religion, l'âge et le statut matrimonial ont également une influence sur le taux de violences subies. De manière générale, les femmes jeunes sont davantage victimes de violences que les femmes plus âgées.

Enfin, les différences régionales sont peu significatives. Si l'on note qu'il y a peu de disparités, finalement, entre zones rurales et urbaines, on constate toutefois que l'accès au droit est plus difficile dans les campagnes. Ces faits de violence sont davantage dénoncés dans les villes. Lorsque l'on prend en compte le nombre de faits volontaires de violences constatés par les tribunaux, on s'aperçoit que les taux les plus élevés se rencontrent dans le Nord de l'Ile-de-France, notamment en Seine-Saint-Denis, et en Guyane. Les taux sont relativement faibles dans les régions de l'Ouest et du Centre de la France. Ils s'accroissent en allant vers le Nord et vers le Sud.

Il est intéressant de noter que l'enquête générale conclut à des différences régionales peu significatives, mais qu'une différence notoire apparaît quand il s'agit de faits réellement constatés par la justice. Est-on véritablement moins violent dans le Centre de la France? Non, on n'accède tout simplement pas aisément au droit, aux procédures de protection. Les statistiques sont biaisées, lacunaires, la mise en place de l'Observatoire des violences faites aux femmes préconisée par le rapport dit Geoffroy-Bousquet, afin d'accéder à des données scientifiques et objectives, est une des conditions *sine qua non* de la lutte contre les violences faites aux femmes. Sans statistiques dignes de ce nom, l'idéologie dominante d'une société, qui puise ses racines anthropologiques et culturelles dans une posture masculine archaïque, ne peut évoluer positivement. Les données scientifiques, relayées par les médias et par les vecteurs modernes de l'information tels les réseaux sociaux, sont seuls capables de modifier les perceptions mentales des individus de façon efficiente. On peut donc légitimement s'interroger sur l'absence de rapport devant faire le bilan de la mise en place de cet Observatoire en juin 2011. Un oubli significatif ? Une sorte de lapsus dans le creux du non-dit ?

Sans statistiques complètes, y compris sur les enfants maltraités et témoins de violence, les professionnels s'appuient sur leur expérience de terrain. Le lieu de ma pratique m'amène à poser une hypothèse sociologique issue de l'observation des procédures judiciaires, mais également de nos interventions dans les associations de défense des victimes, et de nos nombreux échanges avec l'ensemble des professionnels impliqués dans cette problématique des violences faites aux femmes. De ce point de vue-là, j'apporterai une nuance au constat du rapport dit Geoffroy-Bousquet selon lequel la violence touche tous les milieux sociaux. Je dirais qu'elle la touche différemment, à des degrés variés. Lorsqu'il s'agit des milieux socioprofessionnels n'ayant pas accès à la verbalisation, confrontés aux drogues, licites ou illicites, qui désinhibent, la violence psychologique est souvent suivie du passage à l'acte qui peut conduire à la mort physique de la victime, et cela même sous les yeux de ses enfants. Mais dans les milieux socioprofessionnels cultivés, la violence psychologique et le harcèlement moral sont encore plus pervers, ils ne conduisent pas d'emblée à la mort physique. La victime est usée à petit feu. Ces formes de violence aboutissent à la mort psychologique, après moult hospitalisations, *burn-out*, dépressions diverses, voire au suicide de la victime, souvent aidé. Alors, faisant preuve d'une posture de cannibalisation, après avoir vampirisé et instrumentalisé sa victime, le manipulateur pervers peut arguer impunément du fait qu'elle était dépressive, fragile, instable, qu'il a dû supporter ce mal-être et qu'il est très affecté par ce suicide regrettable. Il a sauvé la face, dupé son monde et réussi magistralement son coup, pour recommencer certainement avec une autre proie, effet pervers de l'impunité dont il jouit. Certains auteurs ont étudié cette question de la violence psychologique sous un angle original, par exemple Richard Hellbrunn, dont on ne peut que recommander la lecture de son ouvrage *À poings nommés*, réédité aux éditions l'Harmattan en 2014.

Par ailleurs, si le rapport de 2009 signale pour la première fois qu'il ne faut pas faire l'amalgame entre conflit et violence, le conflit étant « interactif », alors que la violence psychologique et le harcèlement sont « univoques », il a également le mérite de souligner que la violence due au harcèlement moral peut être mortelle à terme. De ce fait, la problématique des enfants exposés à la violence au sein du couple parental est posée de façon précise. Le rapport parlementaire de 2009 anticipe en quelque sorte tout ce que va dire le Conseil de l'Europe. La loi sera votée le 9 juillet 2010. En fait, elle tient compte des préconisations du Conseil de l'Europe, intégrant dans son intitulé la notion de « violence au sein des couples » (pas seulement aux femmes), et son « incidence sur les enfants ».

Outre le fait d'avoir instauré l'ordonnance de protection permettant à la victime de faire expulser le conjoint violent, son principal mérite consiste à ériger le harcèlement moral dans la vie privée en infraction pénale. Il s'agit désormais d'un délit, défini dans l'article 222-33-2-1 du Code pénal comme étant : « le fait de harceler son conjoint, son partenaire lié par un pacs ou son concubin par des agissements répétés ayant pour objet ou pour effet une dégradation de ses conditions de vie se traduisant par une altération de sa santé physique ou mentale est puni de trois ans d'emprisonnement et de 45 000 euros d'amende lorsque ces faits ont causé une ITT inférieure ou égale à huit jours ou n'ont entraîné aucune incapacité de travail, et de cinq d'emprisonnement et de

75 000 euros d'amende lorsqu'ils ont causé une incapacité totale de travail supérieure à huit jours. Les mêmes peines sont encourues lorsque cette infraction est commise par un ancien concubin de la victime, ou un ancien partenaire lié à cette dernière par un pacs. »

Cependant, la lecture de la loi fait apparaître que l'accompagnement des enfants témoins, tel que préconisé par le Conseil de l'Europe, n'est guère pris en compte. Ce n'est rien d'autre qu'un effet d'annonce ! Peu d'évolution à l'exception de quelques modifications concernant, notamment, l'organisation des modalités du droit de visite dans un espace-rencontre, « lorsque la remise directe de l'enfant à l'autre parent présente un danger pour l'un d'eux » (article 373-2-1 du Code civil), ou encore le retrait de l'autorité parentale au père et à la mère s'ils sont condamnés pour un crime ou un délit commis sur la personne de leur enfant (article 378 du Code civil). Autant d'éléments qui existaient en fait déjà dans la jurisprudence.

La loi est assez peu innovante à ce niveau-là également, si ce n'est un rajout à l'article 373-2-11 du Code civil qui définit les critères pris en compte par le juge aux affaires familiales lorsqu'il se prononce sur les modalités d'exercice de l'autorité parentale, notamment la résidence de l'enfant. Aux cinq critères existant – à savoir, « la pratique que les parents ont pu antérieurement conclure, les sentiments exprimés par l'enfant mineur, l'aptitude de chacun des parents à respecter les droits de l'autre, le résultat des expertises éventuellement effectuées, les renseignements recueillis dans les éventuelles enquêtes sociales » – le législateur en rajoute un sixième : « les pressions ou violences à caractère physique ou psychologique exercées par l'un des parents sur la personne de l'autre. »

Peu de choses en fait ont changé, ni au niveau de la procédure, ni au niveau de l'accompagnement. En fait, il s'agit *a minima* de faire valoir au niveau européen que la France est aux normes de l'Europe, mais la loi n'a pas pour autant de contenu réel. C'est même une coquille vide ! Une fois de plus, la France se situe au plan idéologique, mais d'un point de vue pragmatique, il n'y a rien. Tout reste à faire... Faut-il souligner que sept ans plus tard ces textes s'avèrent relativement peu appliqués sur le terrain.

III. L'évolution du concept de « stalking » à travers les lois en France

La loi du 9 juillet 2010 ne prend en compte qu'un point essentiel concernant notre sujet : elle définit très bien — et c'est une première — le harcèlement moral en France dans la vie privée. Mais sa définition est restrictive puisqu'elle le limite au conjoint, au concubin, au pacsé ou encore aux ex-conjoints, concubins, etc. On ne parle ni des grands-parents, ni de tous autres ascendants ou collatéraux, qui peuvent être eux aussi des harceleurs, puisque le phénomène est souvent dupliqué de génération en génération. On constate un effet clanique, j'entends par-là que le harcèlement dans une famille peut être le fait de tout un groupe, grands-parents, parents, frères, sœurs, pour lesquels la victime désignée sert au (dys)fonctionnement du clan. Il manque donc un élargissement du concept dans la loi française.

De surcroît, elle ne mentionne pas clairement le « stalking », c'est-à-dire le harcèlement répété de toute personne, créant une altération de la santé physique ou mentale. Depuis de très nombreuses années, d'autres pays, le Canada, la Suisse, l'Italie, par exemple, ont déjà adopté le « stalking » tel qu'il est défini par la Convention de l'Europe. Notons que cette problématique n'a été abordée en France au niveau du grand public que récemment. Ainsi par exemple, dans un article du 11 octobre 2010 du Parisien, relatant les entretiens de Bichat. J'ai souvenir qu'après une plaidoirie où j'avais évoqué ce phénomène de « stalking », le président me confia à l'issue de l'audience que c'était la première fois qu'il en entendait parler. De même l'avocat de la partie adverse. C'est donc un chantier ouvert.

Quant à la violence psychologique, qu'il convient de différencier du délit de harcèlement moral, elle est traitée par ailleurs par un nouveau texte du Code pénal (article 222-14-3), qui la définit. Ce nouveau texte n'a fait que transcrire la jurisprudence qui existait déjà au niveau de la Cour de cassation.

Dans la loi n° 2014-873 du 4 août 2014, la France crée enfin un délit général de harcèlement, appelé « stalking » (art 222-33-2-2 du Code pénal). « Le fait de harceler une personne par des propos ou comportements répétés ayant pour objet ou pour effet une dégradation de ses conditions de vie se traduisant par une altération de sa santé physique ou mentale est puni d'un an d'emprisonnement et de 15 000 euros d'amende lorsque ces faits ont causé une incapacité totale de travail inférieure ou égale à huit jours ou n'ont entraîné aucune incapacité de travail ». Le même texte prévoit une aggravation des peines lorsque ces faits ont été commis en particulier sur des personnes vulnérables.

IV. Le problème de la preuve et du certificat médical.

Comme je l'ai déjà souligné, les députés demandent que des rapports soient établis pour établir un suivi des lois votées. Dans le rapport déposé le 17 janvier 2012 dans le cadre de la Commission des lois institutionnelles, de la législation et de l'administration générale de la République, les deux rapporteurs de l'application de la loi n° 2010-769 du 9 juillet 2010 « relative aux violences faites spécifiquement aux femmes, aux violences au sein des couples et aux incidences de ces dernières sur les enfants », Guy Geoffroy et Danielle Bousquet rappellent que la loi du 9 juillet 2010 a créé plusieurs infractions pénales afin de marquer le caractère inacceptable de certains agissements qui doivent être considérés comme des formes de violence.

Le délit de violence psychologique au sein du couple est clairement mentionné : la loi a créé un article 222-14-3 au sein du Code pénal, qui y transcrit la jurisprudence de la Cour de cassation en matière de violences, laquelle prévoit que « le délit de violences peut être constitué, en dehors de tout contact matériel avec le corps de la victime, par tout acte ou comportement de nature à causer sur la personne de celle-ci une atteinte à son intégrité physique ou psychique caractérisée par un choc émotif ou une perturbation psychologique ». Il est donc désormais inscrit dans le Code pénal que *« les violences [...] sont réprimées quelle que soit leur nature, y compris s'il s'agit de violences psychologiques »*. Plus novatrice a été la création d'un délit autonome de harcèlement moral au sein du couple qu'il convient de distinguer du délit de violence psychologique. **En effet, le harcèlement moral suppose des agissements répétés, tandis que la violence psychologique peut être**

caractérisée par un choc émotionnel unique, la nuance est d'importance. De nombreux magistrats et professionnels estiment que la répression des violences psychologiques et du harcèlement moral constitue l'un des nouveaux grands chantiers de la lutte contre les violences faites aux femmes, leur inscription dans le Code pénal n'en constituant que le premier volet.

On voit que l'attente est importante, mais les professionnels se heurtent à plusieurs difficultés, selon les deux rapporteurs de la loi : d'une part, pour beaucoup *« les éléments constitutifs de délit ne sont pas clairs »*, d'où la difficulté à informer les victimes de leurs droits. D'autre part, *« certains professionnels, notamment dans le domaine de la santé, sont réticents à établir des certificats médicaux faisant état de l'existence vraisemblable de violences psychologiques. »* Le constat du traumatisme psychologique reste donc une réelle difficulté empêchant par conséquent la sanction pénale prévue. C'est pourtant quelque chose d'audible pour quelqu'un qui est formé, à condition qu'on laisse les médecins travailler, établir leurs certificats médicaux sans se voir condamnés par leur Conseil de l'Ordre.

Le réel problème de ces certificats réside dans leur rédaction. Un médecin écrit par exemple que *« le traumatisme serait dû, d'après madame X, à du harcèlement effectué par monsieur Y ».* Or, cette formulation nominative contrevient à un article du code de déontologie, qui énonce qu'un médecin n'a pas le droit de s'immiscer dans la vie privée familiale. Un certain nombre de médecins ont été condamnés par l'Ordre des médecins sur cette base-là. Dès le début de la discussion sur le rapport parlementaire, il se trouve des avocats et des psychologues pour dénoncer violemment cette intrusion dans la vie privée. Un éditorial de l'Ordre des médecins des Hauts-de-Seine alerte les médecins, le 12 novembre 2009, en des termes quelque peu surprenants :

« Donc si je peux me permettre un conseil d'ami : bannissez le mot "harcèlement" de votre vocabulaire. Il n'est pas prudent non plus de le remplacer par une périphrase. [...] Le médecin ne doit pas se transformer en avocat, sous peine d'avoir rédigé un certificat tendancieux ou de complaisance. Le médecin ne doit certifier que ce qu'il a lui-même constaté. » Autant un bleu à l'œil est facile à constater, autant le bleu à l'âme exige une formation du corps médical.

Par ailleurs, au même moment, une lettre circulaire d'un procureur en province incite les médecins inscrits sur la liste des experts des Cours d'Appel à ne pas établir de certificats médicaux privés, sous peine de se voir rayés de la liste des experts. La question des experts pose problème en elle-même. On ne peut qu'être étonné par de telles consignes. En effet, s'il est d'usage en France de désigner des experts inscrits sur une liste officielle des Cours d'Appel, ce qui les rend certes légitimes, le justiciable n'est en possession d'aucun élément pour vérifier leurs compétences effectives. Or la légitimité ne garantit pas la compétence, et inversement. C'est ainsi qu'il m'a été donné de constater qu'était nommé par une juridiction un professionnel pour une expertise médico-psychologique, alors qu'il ne figurait même pas sur le fichier Adeli sur lequel les psychologues sont obligatoirement inscrits. Le fait que les parties désignent chacune leur expert, comme cela se fait dans les pays anglo-saxons, ne serait-il pas une solution appropriée ? En cas de conclusions divergentes entre eux, un véritable débat pourrait s'établir. Les parties pourraient interroger les experts devant les magistrats tant sur leurs formations que sur leurs pratiques professionnelles, de manière à ce que le magistrat puisse prendre sa décision en toute connaissance de cause après un véritable débat contradictoire tel que prévu par l'article 6 de la Convention européenne des droits de l'Homme.

Le corps social est confronté à une profonde dissonance : des professionnels en première ligne s'opposent au constat du traumatisme psychologique. Ce qui pose de façon très claire la question de la formation de ces professionnels. Il faut savoir établir un certificat médical *ad hoc*. Il leur suffit de se reporter à la nomenclature générale des actes professionnels (NGAP), consultable sur le site ameli.fr de l'Assurance maladie. Ils peuvent également consulter le site de la MIRPROF (Mission interministérielle pour la protection des femmes victimes de violence et la lutte contre la traite des êtres humains), ou encore du CNOM (Conseil national de l'Ordre des médecins). Quand vous allez voir un médecin parce que vous avez un bleu à l'œil, on ne vous demande pas qui vous a fait ce bleu ; on constate l'existence d'une ecchymose. Ensuite, c'est l'affaire de l'appareil judiciaire de savoir qui l'a causé. Actuellement, les victimes de traumatismes psychologiques dus au harcèlement sont renvoyées par la police ou la gendarmerie vers les unités médico-judiciaires qui existent dans les grandes villes. On gagnerait à pouvoir consulter un victimologue dans chaque département, un spécialiste formé à cette problématique spécifique, qui pour le moment, n'est pas souvent enseignée aux étudiants en médecine.

V. Droit ou devoir d'ingérence dans la vie privée ?

Un article du Monde en date du 17 décembre 2009, (5) de Caroline Eliacheff, pédopsychiatre et psychanalyste, et Daniel Soulez-Larivière, avocat, dénonce avec virulence :

« Voici que le juge va s'introduire dans les couples pour vérifier l'infraction de violence psychologique. Et grâce à Éric Besson, il pourra apprécier la couleur du mariage : mariage gris s'abstenir. On a parlé de journalistes *embbeded* dans la guerre en Irak, c'est-à-dire emportés dans le lit de l'armée et de ses œuvres. Nous allons maintenant avoir un juge embedded dans les foyers pour vérifier non seulement la réalité du viol ou des coups, mais celle de la violence psychologique, dont la réalité n'est pas niable, mais dont la preuve juridique pose plus de problèmes qu'elle n'en résout. […] Voici maintenant le juge orchestrant la paix des ménages. » Ces professionnels posent malheureusement le problème par le petit bout de la lorgnette. Le juge n'orchestre pas la paix des ménages, mais la paix de la Cité, par-delà les violences qui blessent le corps social.

La violence au sein des couples ne saurait être dissociée de la violence dans la Cité, elle en fait partie intégrante au même titre que la violence dans la rue, la violence dans le sport, la violence à l'école, la violence économique et financière, etc. Atomiser les problèmes participe du réflexe de déni orchestré par une idéologie dominante dépassée par la complexité de notre vie moderne. C'est dire la difficulté de la preuve.

Les liens entre l'intérieur et l'extérieur, le privé et le public, constituent une problématique sociologique majeure de ce début de vingt-et-unième siècle. On a toujours considéré que la vie privée est une sphère sacrée, une zone de quasi non-droit. La notion de droit d'ingérence dans les nations s'est pourtant imposée quand se sont produits des massacres au regard des droits humains. Le devoir d'ingérence a prévalu. On peut légitimement se demander pourquoi cela ne concernerait pas les familles. Qu'on ne parle plus de droit d'ingérence, mais de devoir d'ingérence dans le cas où il y a maltraitance ! La maltraitance est inacceptable. Et il est de la responsabilité des professionnels compétents de signaler les cas dont ils prennent connaissance.

Nous verrons en conclusion que le juge a besoin de recueillir les avis de l'ensemble des professionnels, en amont de son jugement, pour prendre sa décision. Ils doivent jouer leur rôle en toute connaissance de cause. À commencer par les médecins, à qui il revient de rédiger des certificats médicaux. Encore faudrait-il, pour ce faire, que l'Ordre des médecins ne les en décourage pas en interne. La lutte contre les violences faites aux femmes ne réussira qu'au prix d'une prise de conscience en chaîne dans les différentes strates de la société. En 2011, moins de 5 % des signalements, le sont par des médecins. C'est pourquoi le rapport Geoffroy-Bousquet d'évaluation de la loi, le 17 juillet 2012, insiste sur la nécessité de la prévention à deux niveaux. Il convient d'une part d'organiser la formation des professionnels, et d'autre part, de mettre en place un Observatoire national des violences faites aux femmes. Cet Observatoire national sensibiliserait l'ensemble de la société à cette problématique par la production de statistiques fiables. Les députés déplorent qu'au mois de juin 2011, les rapports prévus sur la formation des professionnels et la création de l'Observatoire, n'aient pas été déposés.

Selon le rapport de juillet 2012, il n'y a pratiquement pas eu de condamnation pénal relative au harcèlement moral dans la vie privée en France. Le texte de loi est assez peu appliqué. Il a pourtant une double vocation : faire du harcèlement moral une infraction, mais aussi sur le plan civil, permettre aux personnes harcelées de se mettre à distance. La distance physique est essentielle dans le cas des femmes victimes de violences physiques, qui risquent d'être tuées. On sait aujourd'hui que le harcèlement moral précède généralement la violence physique. Cependant obtenir la mise à distance légale est plus difficile dans les milieux sociaux instruits. Le manipulateur pervers sait bien souvent où se trouvent les limites de l'appareil judiciaire. Il peut tenter une strangulation, mais s'arrêtera juste à temps… Dans l'intimité du foyer, il casse une porte, il tape contre les murs, il hurle, mais il passe rarement à l'acte. Pas vu, pas pris !

La sensibilisation sur les violences faites aux femmes aidant, le législateur avance dans l'optimisation de la loi. En effet, la loi du 5 novembre 2015 instaure l'article 226-14 du Code pénal, permettant aux médecins de signaler au procureur de la République des traitements malveillants à l'égard d'une personne mineure ou majeure, à condition que cette dernière donne expressément son accord, sans que puisse leur être reproché le non-respect du secret professionnel ou l'intrusion dans la vie privée. Tous les personnels de santé sont concernés. Cette loi a pour objectif de les inciter à signaler plus fréquemment les actes de violence. Elle instaure également l'irresponsabilité pénale et civile en matière de dénonciation non fondée dès lors que le signalement a été effectué de bonne foi.

Enfin, la loi du 5 novembre 2015 apporte des modifications intégrées dans l'article 226-14, à savoir que le médecin ou tout autre professionnel de santé constatant des sévices physiques ou psychiques, peut les porter à la connaissance du procureur sans l'accord du patient lorsque la victime est un mineur ou une personne non en mesure de se protéger en raison de son incapacité physique ou psychique.

Dès lors, nous pouvons nous poser la question de savoir si le non signalement ne constitue pas en soi un délit de non-assistance de personne en danger ou en péril (article 223-6 du Code pénal).

Au-delà du certificat médical, le médecin doit délivrer un certain nombre de conseils et d'informations notamment :

- affirmer clairement que les violences sont interdites par la loi et que les actes de violence relèvent de la seule responsabilité de leur auteur ;
- conseiller à la patiente de se rendre, en cas d'urgence, dans les locaux des services de police ou de gendarmerie, ou encore appeler le 17 qui permet de joindre ces services (ou le 112 d'un téléphone portable) ;
- inviter la victime à appeler le 3919 (Violences femmes info), numéro gratuit d'écoute et d'information anonyme et qui n'est pas repérable sur les factures et les téléphones ;
- informer la victime de l'existence d'associations d'aide aux victimes ;
- informer la victime de la possibilité de porter plainte ;
- évaluer le danger : présence d'arme, menace de mort, tentative de strangulation, idées suicidaires ;
- proposer une nouvelle consultation dans un temps court.

VI. La mise à distance physique : une ordonnance de protection difficilement applicable en France

Dans ce cas de risque majeur, l'ancien « référé-violence » permettait à une femme de quitter rapidement le domicile conjugal. Le rapport parlementaire du 7 juillet 2009 constate que cette procédure a peu été mise en application.

Le Conseil de l'Europe préconise pourtant l'ordonnance de protection, qui permet à la victime de rester à demeure légalement, tandis que le harceleur est contraint de quitter les lieux. Là encore, la France ne fait que se mettre aux normes européennes. Sa mise en œuvre va se révéler peu efficace. Dans certains pays, en Autriche par exemple, le Parquet intervient lui-même directement dès qu'il y a violence physique. Les gendarmes sont diligentés pour mettre dehors l'agresseur, *manu militari*. En Grande-Bretagne, j'ai connu des cas où l'ordonnance de protection a été prise en 48 Heures.

En France, c'est beaucoup plus compliqué ! Dans le cas des violences physiques, le problème est à peu près réglé dans la mesure où il y a des preuves. Le Parquet peut alors intervenir rapidement. Il peut expulser, interdire de porter une arme, d'approcher la victime. Selon les chiffres publiés en juin 2013 par l'Organisation mondiale de la Santé à Genève, pas moins de 38 % du total des meurtres de femmes dans le monde sont commis par des partenaires intimes. Face à ce constat alarmant, le procureur général Patrick Poirret, alors en poste au tribunal de Bobigny, élabore un dispositif destiné tout à la fois à empêcher le passage à l'acte et à sécuriser les femmes – et les enfants – en très grand danger. Le Téléphone de Grand Danger, devenu depuis lors le Téléphone de Grave Danger, va être généralisé dans tous les départements et en Outremer. Dans son livre *Le Téléphone de Grand Danger pour sauver des vies de femmes*, publié aux éditions l'Harmattan, le procureur raconte comment ce dispositif a pu exister dans le cadre d'une véritable politique de justice partenariale, inédite en France.

En dehors de cette expérience innovante, quand il s'agit d'une ordonnance de protection permettant au juge aux affaires familiales de faire expulser un agresseur, force est de constater que cela demande plusieurs semaines.

À vrai dire, selon le rapport de janvier 2012, le seul tribunal où l'ordonnance de protection fonctionne vraiment est celui de Bobigny (6), parce que le procureur de la République Patrick Poirret y a justement mis en place la chaîne pénale et civile qui permet la coordination efficace entre les différents professionnels concernés, au-delà du fractionnement habituel du système judiciaire. En ce qui concerne la problématique des violences psychologiques, le procureur de la République Luc Fremiot (11), Avocat général auprès la Cour d'Appel de Douai, est innovant dans son approche. Il n'hésite pas à placer certains agresseurs dans des centres de réinsertion de SDF afin de leur faire prendre conscience de leur violence.

Au plan pénal, l'application de la loi ne peut dépendre que des magistrats du siège et des procureurs. Mais sur le plan civil, dans l'esprit du législateur, l'ordonnance de protection devait pouvoir être opérationnelle dans un espace de deux à trois jours. Or en France, actuellement, un délai de trois semaines, voire davantage, est encore nécessaire. En effet, la loi prévoit qu'il faut au préalable convoquer la partie adverse dans un délai raisonnable, afin de permettre le débat contradictoire. Cela demande du temps, alors que l'ordonnance de protection est une mesure d'urgence ! C'est sans doute à ce niveau-là que nous rencontrons l'incohérence du système de protection judiciaire tel qu'il a été mis en place en France.

Le rapport parlementaire de janvier 2012 souligne que, jusqu'alors, il n'y a pas eu une seule ordonnance de protection prise dans le cadre de violence psychologique ou de harcèlement moral. À chaque fois, les victimes continuent à subir de graves violences psychologiques dans leur face-à-face dangereux avec leur agresseur au sein du foyer familial. J'ai connu à cette époque le cas d'un haut fonctionnaire qui se cachait tous les soirs dans le parking pour courir après sa femme en la terrorisant. C'était un fou furieux ! Mais l'ordonnance de protection a été refusée, abandonnant cette femme à sa terreur. Nous sommes dans une impasse. En matière de harcèlement moral, l'avocat n'a dès lors pas d'autres solutions que de recourir à la demande de divorce, en sachant que l'on peut attendre près de huit mois avant d'obtenir une date de tentative de conciliation, pendant lesquels la victime vit un véritable enfer. Encore faut-il que le couple soit marié. Trop de décisions condamnent encore les femmes qui se mettent à distance avec leur(s) enfant(s), sans avoir demandé l'autorisation du juge, en confiant la résidence de l'enfant au père. La notion de mise à distance dans le cadre d'une protection nécessaire est alors confondue avec la notion d'aliénation parentale que nous aborderons plus loin.

Dans ce domaine, les choses évoluent néanmoins positivement avec la loi du 4 août 2014 qui renforce la protection des femmes victimes de violences au sein du couple. On a là de véritables avancées.

L'ordonnance de protection peut désormais être ordonnée même sans dépôt de plainte au pénal par la victime. Elle peut être délivrée pour une durée maximale de six mois s'il existe des raisons sérieuses de considérer comme « vraisemblable » le danger auquel sont exposés également les enfants. Le couple n'a plus l'obligation d'être marié pour que s'applique l'ordonnance de protection.

VII. Le harcèlement économique : une « escroquerie financière familiale »

Enfin, la question financière se pose inévitablement dans le cas du harcèlement moral : le pervers tend à diminuer ses ressources, voire à organiser quasiment son insolvabilité, pour payer le moins possible de pensions alimentaires ou de prestation compensatoire. C'est aussi la raison pour laquelle, très souvent, il demande la résidence alternée de l'enfant afin de ne pas avoir de pension alimentaire à payer. Au regard de ma pratique, j'ai pu constater que la malhonnêteté et l'avarice sont des manifestations du comportement pervers et qu'un manipulateur destructeur n'hésitera pas à mettre sa carrière en péril ou au moins entre parenthèses pour se rendre insolvable ; il va donc profiter de ces mois de procédures pour organiser son insolvabilité et payer le moins possible à la sortie. Plus qu'une fonction économique, l'argent a une fonction symbolique forte, car le manipulateur pervers veut démolir l'autre sans lâcher un centime. Il veut même en gagner, au contraire !

De ce point de vue, le harcèlement économique devrait bien entendu être assimilé au harcèlement moral, avec lequel il va souvent de pair. En effet, la Convention du Conseil de l'Europe, dite Convention d'Istanbul de 2011, ratifiée par la France en 2014, énonce clairement que « le terme de violence domestique désigne tous les actes de violence physique, sexuelle, psychologique ou économique qui surviennent au sein de la famille ». Il en est de même de la directive 2012/29/UE du 25 octobre 2012 de l'Union européenne transposée par la loi N° 2015-993 du 17 août 2015, qui définit la violence domestique comme une violence « pouvant être de nature physique, sexuelle, psychologique ou économique ». Ces textes internationaux applicables en droit français sont rarement pris en compte par les magistrats et les professionnels français. Cela est fortement regrettable, car s'il y a une preuve évidente à mettre en œuvre dans le harcèlement moral, c'est bien là. Les chiffres parlent d'eux-mêmes !

En conclusion

Certains professionnels évoquent souvent le sentiment désagréable de se faire manipuler par des maris auxquels on aurait presque donné le Bon Dieu sans confession. D'où la nécessité de faire de la formation. Beaucoup expriment un regret : « Outreau nous a servi de leçon ». La parole des enfants est plus difficilement prise en compte. Ils soulignent également la question de la preuve, attestant par là-même qu'ils se considèrent insuffisamment formés à cette problématique. Quand une femme se plaint au tribunal que son mari lui parle violemment et que le monsieur apparaît au contraire aimable, affable et très calme, si le magistrat ne sait pas que le pervers se définit justement par le double langage, il va demander une preuve que l'épouse ne peut pas fournir, puisque l'agression se passe en privé, sans témoin bien entendu. Lorsqu'il s'agit d'une profession bien établie, ayant pignon sur rue, la notoriété de l'époux joue alors en sa faveur. Notons d'ailleurs que les enregistrements faits par une des parties ne sont pas en principe des preuves recevables au civil, mais uniquement au pénal, sauf si la personne enregistrée a été préalablement informée qu'elle l'a été, ce qui est rarement le cas.

Deux preuves du harcèlement moral

Il y a toujours deux preuves du harcèlement moral : le traumatisme psychologique, à condition qu'on laisse les médecins le constater, et l'organisation de l'escroquerie financière familiale. Ce sont là deux éléments essentiels dans le faisceau des présomptions qui peuvent emporter la conviction du juge. En effet, en France, le juge pénal a le pouvoir de prononcer une condamnation à partir d'un faisceau de présomptions sur la base de son intime conviction. Bien entendu, au civil, le juge peut également prendre sa décision sur ces mêmes bases, notamment en ce qui concerne les enfants.

Malheureusement, en France, trop de professionnels, peu formés à cette problématique complexe, se laissent aspirer par l'idéologie dominante selon laquelle il y aurait lieu de pacifier les relations dans le couple, de privilégier la résidence alternée des enfants pour instaurer un projet parental, et en cas de conflit, de mettre en place une médiation familiale.

Cette idéologie est contreproductive, elle va à l'encontre des intérêts des victimes et de leurs enfants quand il s'agit de violence. En effet, il y a totale confusion entre la notion de conflit et la notion de violence. Le harcèlement moral est une violence destructrice qui outrepasse le conflit. Tant que nous resterons dans ce déni, la loi ne pourra être appliquée convenablement.

En 2017, nous constatons que certains tribunaux utilisent encore des Codes civils de 2009, faute de moyens matériels suffisants. Il en résulte, au grand damne des victimes et des enfants devant être protégés, que les critères pris en compte par le juge pour décider de la résidence des enfants ne mentionnent toujours pas celui énoncé par la loi du 9 juillet 2010. Elle a pourtant rajouté un paragraphe 6 à l'article 373-2-11 du Code Civil, stipulant que « les pressions ou violences, à caractère physique ou psychologique, exercées par l'un des parents sur la personne de l'autre », doivent être retenues.

À titre d'exemple, une ordonnance du 24 novembre 2016, pôle de la famille, cabinet 9 du Tribunal de Grande Instance de Nanterre, de même qu'un jugement du 19 janvier 2017 du cabinet du JAF du Tribunal de Grande Instance de Briey, récapitulent les cinq critères présidant à la décision de résidence de l'enfant. Le paragraphe 6 est tout simplement omis. Il va de soi que ce qui n'est pas énoncé n'existe pas. Le corps social entretient le déni de la problématique…

Et les enfants dans tout ça ?

J'emprunte à Mᵐᵉ Yvonne Poncet-Bonissol le titre de son excellent livre paru aux éditions Chiron, parce qu'il a le mérite de poser le problème des violences conjugales avec une spontanéité et une acuité qui ne peuvent laisser indifférent. C'est une question éminemment grave. Comportant une dimension éthique, sociale et judiciaire, elle touche au devenir même de notre société. Elle appelle à une prise de conscience urgente.

I. Les comportements stéréotypés des manipulateurs destructeurs

Tous les psychiatres formés à la problématique du harcèlement moral et la violence psychologique s'accordent à dire qu'il s'agit d'une forme très insidieuse de violence, ce qui la rend difficile à détecter. Le Docteur Reichert-Pagnard souligne qu'elle amène à l'anéantissement des victimes, parents et enfants soumis à l'action des manipulateurs. Les manipulateurs ont un comportement stéréotypé, strictement identique d'une histoire à l'autre. Voilà qui permet déjà de les identifier dans un entretien clinique avec les victimes ayant subi un traumatisme psychologique.

Mais tâchons de pousser plus avant le « portrait-robot » du manipulateur destructeur avec elle. Le scénario manipulatoire se déroule inexorablement en cinq étapes :

– **Un début idyllique.** Tout d'abord, il commence par une période idyllique, par une belle histoire d'amour que tout le monde admire. Comme dans un conte de fées, le manipulateur destructeur fait rapidement sa demande en mariage. Il exprime son désir d'avoir des enfants.

– **Une phase de petites critiques.** Il s'ensuit une période insidieuse dans laquelle il ne manque pas de faire des réflexions, quelques petites critiques de-ci de-là, noyées néanmoins dans un discours amoureux qui ne permet pas de les reconnaître comme destructrices. Elles sont évidemment faites dans l'intérêt de la victime, pour l'encourager à s'améliorer.

– **Une phase de critiques blessantes et de dévalorisation.** Dès la première grossesse, le comportement du manipulateur destructeur se révèle plus agressif. La période de violence psychologique commence avec son lot de critiques blessantes, de réflexions humiliantes qui touchent à l'identité profonde de la victime, de colères intempestives, de bouderies qui n'en finissent pas, mais qui cessent dès qu'un proche du couple apparaît. Double visage, double discours. Négatif à la maison, charmeur à l'extérieur. Docteur Jekyll et Mister Hide. La victime se culpabilise.

- **Isolement de la victime**. Après la naissance de l'enfant, ces comportements caractériels s'amplifient lourdement. La période d'isolement enferme la victime dans une solitude doublée d'un fort sentiment de culpabilité. Le manipulateur l'a convaincue qu'elle est responsable de la détérioration de leur relation, tellement idyllique à l'origine. Il l'éloigne de sa famille, de ses amis.

- **Retour au calme**. La victime finit par envisager la séparation. Il devient alors implorant, change à nouveau de comportements pour se faire pardonner. Il fait appel à son sens de la famille, à la nécessité de retrouver l'harmonie. Le calme revient. Un deuxième enfant vient célébrer la paix du couple retrouvée, fragile ciment d'une construction vouée à la ruine.

- **Phase de violence paroxystique**. Alors commence la période où la violence se déchaîne. Humiliations répétées, reproches acerbes, colères de plus en plus violentes, silences destructeurs. L'ambiance devient chaotique. La victime parle alors fermement de divorce. Il se montre menaçant, répétant toujours cinq phrases stéréotypées :
« Tu es folle (fou). Tu es incapable d'élever des enfants. Tu n'auras pas la garde des enfants. Tu n'auras pas de pension alimentaire. Tu veux la guerre, tu vas l'avoir. »
La victime s'enfuit avec ses enfants. Il la poursuit, la harcèle d'appels téléphoniques, de textos, de mails où il se montre extrêmement menaçant. Le registre verbal est violent. Il fait le siège de la maison, des écoles, fait produire des témoignages à charge, attaque au Conseil de l'Ordre le médecin qui a osé faire un certificat médical pour violence psychologique. Chaque droit de visite est le champ de bataille d'une violence psychologique inouïe, laissant l'enfant témoin sidéré du Waterloo fami-

lial. La guerre se déchaîne, par tribunal interposé, les procédures éprouvantes s'enchaînent...

La psychiatre précise : « devant la masse des plaintes, les magistrats pensent avoir affaire à un simple conflit parental entraînant un conflit de loyauté chez les enfants », n'ayant pas repéré la personnalité pathologique de ces manipulateurs. Ainsi ceux-ci se voient de plus en plus confier la résidence des enfants. Ils continuent alors leur œuvre destructrice sur ces derniers, les dressant contre le parent victime. Les enfants deviennent de plus en plus violents contre celui-ci, réalisant un véritable « matricide » psychologique.

On est en face d'une psychose, d'un trouble profond de la personnalité, complexe, qui confine souvent à la perversion narcissique, la paranoïa, la psychopathie, et bien d'autres traits pathologiques.

Mme Geneviève Schmit, thérapeute spécialisé dans les violences conjugales, met l'accent sur le devenir problématique des enfants vivant au sein d'une famille toxique. L'enfant perçoit très tôt un malaise face au parent manipulateur destructeur, dont l'ego est surdimensionné. Il noue avec lui une relation ambivalente autour d'un double mouvement d'attraction et de répulsion. Étant immature, ce parent enferme son enfant dans le piège d'un conflit de loyauté. « Aimer son enfant sur un mode narcissique, c'est ne lui offrir que du vide ou du rêve. », dit-elle. L'autre parent qui cherche à être structurant ne peut casser la toute-puissance dans laquelle l'enfant se construit, se modélisant sur le parent immature. Il ne peut absolument pas lui imposer de limites.

II. Les trois profils du manipulateur pervers destructeur selon le Docteur Coutanceau.

On comprend bien que les professionnels concernés par ces divorces difficiles ont besoin de décrypter les différents profils du père violent. Le rapport parlementaire de juillet 2009 présente pour la première fois une nosographie claire, établie à partir de la classification du Dr Roland Coutanceau dans son rapport *Auteurs de violences au sein du couple. Prise en charge et prévention*. Il distingue :

- Un profil à tonalité « immaturo-névrotique ». Ces hommes violents sont parfois conscients de leur responsabilité et peuvent éprouver de la souffrance en raison de leur comportement ainsi que pour leur victime.

- Un profil d'hommes égocentriques et mal structurés psychologiquement. Ils banalisent et minimisent les faits et s'inquiètent davantage des conséquences qui peuvent se produire pour eux et pour leur victime. Ces hommes sont sur la défensive et peinent à s'autocritiquer.

- Un profil d'hommes « à la personnalité particulièrement problématique », marquée par un fort égocentrisme et une dimension paranoïaque et mégalomaniaque. Ils tentent de construire une relation d'emprise et décrivent leur femme comme « mythomane, hystérique ou persécutive ». Ils représentent 15 % des auteurs de violence au sein des couples.

Dans le cas de simple immaturité, il s'agit d'une névrose, un suivi peut être organisé. Mais pour les deux autres cas, de pathologies lourdes, on ne devrait pas confier la résidence de l'enfant au domicile de ces pères à dimension psychotique, car alors le processus d'individuation de l'enfant est réellement mis en péril. Dans ces cas-là, on entre vraiment dans une guerre dont l'enfant devient l'enjeu. La résidence alternée est alors complètement contre-indiquée puisqu'il ne peut pas y avoir de dialogue au sein du couple parental affecté par une telle guerre, tel que le prévoit la jurisprudence subséquente à la loi n° 2002-305 du 4 mars 2002 sur l'autorité parentale C'est pour restaurer ce dialogue que l'on met en place les médiations familiales. Si la résidence alternée a été ordonnée, chaque fois que l'enfant se trouvera chez le parent violent psychologiquement, il subira une instrumentalisation toxique, une aliénation dramatique qui engage son devenir d'adulte. Alors, oui, on peut dire que, dans ce cas bien précis, la résidence alternée participe à la maltraitance de l'enfant, et même l'amplifie.

III. L'impossible médiation avec un manipulateur pervers destructeur ou la violence institutionnelle

Alors que la médiation familiale est une tendance de la justice aujourd'hui, comme nous venons de le voir, nous pouvons légitimement nous poser la question : peut-on négocier avec un manipulateur pervers destructeur ? Les conseillers conjugaux et les médiateurs sont en première ligne parce que, très souvent, quand le problème survient, la personne victime de manipulation cherche à identifier le problème de son couple. On fait alors appel à un tiers, on va voir un conseiller conjugal. C'est aujourd'hui la voie la plus courante. Malheureusement la plupart du temps les conseillers conjugaux ne connaissent pas suffisamment la problématique du manipulateur destructeur et essaient de sauvegarder le couple conjugal. C'est encore plus vrai quand ils sont prisonniers d'une posture idéologique du type : « vous avez des enfants, il faut à tout prix éviter de vous séparer ». Ils créent alors à leur insu une violence institutionnelle qui s'ajoute à la problématique et l'amplifie. Le Décret n° 2003-1166 du 2 décembre 2003 a créé le diplôme de médiateur familial, et ainsi consacré cette nouvelle profession. Ces derniers ont joué un grand rôle. Les couples en situation de conflit veulent se séparer pour de multiples raisons, qui peuvent être confuses, mal exprimées ou peu réfléchies. Les médiateurs familiaux recherchent avant tout la pacification des divorces. Ils tentent de mettre en place un couple parental avec un projet familial. On dissout de la sorte le couple conjugal, qui ne fonctionne pas, tout en cherchant à construire un couple parental, seul modèle acceptable, de leur point de vue, dans l'intérêt des enfants.

Or cette position louable ne tient pas avec un manipulateur pervers destructeur, car il est incapable de remise en cause. Sa motivation profonde est la destruction du conjoint, y compris en ayant recours aux institutions. Ayant enseigné la polémologie (science de la gestion des conflits) à l'Université de Strasbourg (7), en tant que professeur associé, j'ai pu confirmer par ma pratique de médiateur familial diplômé d'État, que nous ne sommes pas dans le cadre d'un conflit, mais dans le cadre de la violence à l'état pur. Un conflit se règle par la médiation, certainement pas la guerre au sein du couple quand la violence ne connaît aucune loi. Dans ce dernier cas, le couple développe un scénario mortifère qui ne peut que mal finir pour les enfants.

La violence psychologique exige une mise à distance immédiate, sans aucune tentative de médiation. Non seulement engager une médiation est peine perdue, mais de surcroît elle produit une violence institutionnelle qui amplifie la violence initiale. On confond malheureusement la notion de conflit avec celle de violence. La plupart des décisions des juges font référence à la notion de conflit. Or, dans ces violences, l'enfant est utilisé comme une arme, un enjeu de destruction de l'autre parent. C'est une vraie guerre intrafamiliale qui se joue, où l'enfant est en danger car il est instrumentalisé. Je plaide des cas de divorce où les enfants, manipulés par un parent, refusent de voir l'autre parent. C'est forcément déstructurant pour la construction de leur psychisme. Les médiateurs familiaux, tels qu'ils ont été mis en place par le décret de 2003, ont donc pour mission d'aider les couples en difficulté à élaborer un projet parental viable, à trouver des solutions de pacification globale, y compris concernant les aspects financiers. Ils disposent d'une triple formation initiale en droit, en psychologie et en sociologie, sur deux ans. Ils peuvent également valider des acquis d'expérience. Le juriste passe prioritairement les modules de psychologie et sociologie, le psychologue ceux de droit et sociologie, etc. Mais il manque à leur formation initiale un enseignement en polémologie, c'est-à-dire en gestion de conflits, car on n'entre pas en médiation avec un pervers, c'est une règle de base. Ce sont ces professionnels qu'il faut former prioritairement selon la loi du 9 juillet 2010. Quand il y a médiation, les victimes en sortent complètement laminées, la violence institutionnelle induite fait des ravages, en termes de culpabilisation, d'endurance dans la souffrance psychologique, de destruction de la confiance en soi et de l'image de soi.

Souvent c'est une injonction du juge aux affaires familiales qui ordonne la médiation pour régler les problèmes pratiques tels que la résidence de l'enfant, notamment en cas de demande de résidence alternée. Or, lorsque l'un des parents est un manipulateur destructeur, la résidence alternée est nocive car l'enfant se trouve gravement instrumentalisé, pour continuer à détruire le conjoint après la séparation effective. La guerre entre les deux adultes continue par enfant interposé. Le juge recherche une posture d'égalité impossible, car on est confronté en réalité à une posture d'agresseur et une posture de victime. C'est donc nier la position de la victime – involontairement certes, mais la nier cependant – que de chercher une solution de compromis. Je ne dis pas pour autant qu'il soit dans l'intérêt des plaignants de se poser toujours en victime. Dans la vie, il convient d'aller de l'avant, il est préférable de chercher à sortir de cette posture de victimisation. Cependant du point de vue strictement judiciaire, où les procédures doivent mettre en évidence des normes, il faut un dedans et un dehors, une victime et un agresseur, sans quoi l'on reste dans une confusion inextricable. Dans les années 1982, sous Robert Badinter, le législateur a mis en place la médiation pénale afin de mieux prendre en compte les plaintes des victimes pour violences. Par la loi de n° 93-2 du 4 janvier 1993 (article 41 de l'ancien code de procédure pénale), elle a été instrumentalisée par le Parquet, dont elle est devenue un faux nez (8). Comme la France manque de moyens sur le plan des juridictions, la médiation pénale permet d'éviter d'avoir à mener un procès. Son coût est évidemment moindre.

Pour autant, dans la plupart des cas, la médiation est une démarche pertinente et bénéfique, un moyen de régulation qui peut prendre place avant ou après le procès pénal, pour réguler les rapports entre les personnes. Par exemple, lorsqu'une fille a été frappée par son père et a porté plainte, elle peut ensuite regretter que cette démarche donne lieu à un procès pénal, parce qu'il s'agit de son père. Ce dernier peut ne plus jamais accepter de la voir. Quelquefois le règlement judiciaire crée des dégâts irréversibles dans la vie privée. Le médiateur pénal réconcilie lui aussi les familles en conflit interne, dans un rapport d'infantilisation. Mais lorsqu'on a affaire à un destructeur pervers, tenter une médiation est aussi vain que de tâcher de réunir les bourreaux et leurs victimes alors que la guerre bat son plein, en leur désignant qui plus est la possibilité d'un avenir commun. On ne peut pas placer sur le même plan la victime et son agresseur.

Afin d'éviter cette confusion, la loi du 7 juillet 2010 interdit la médiation pénale lorsqu'a été décidée une ordonnance de protection. Mais on a pu voir que l'ordonnance n'est pratiquement jamais rendue en cas de violence psychologique. On continue donc à voir des médiations pénales inadéquates.

C'est le serpent qui se mord la queue. On assiste à des situations ahurissantes ! On voit des femmes gravement violentées psychologiquement, qui attendent un jugement pendant un an ou deux, tout en continuant à subir la violence de leur agresseur pendant ce temps-là. Mais il suffit qu'elles ne présentent pas une seule fois l'enfant à son père dans le cadre de son droit de visite, et elles se retrouvent systématiquement en correctionnelle quelques semaines plus tard, condamnées à des peines de prison avec sursis. J'ai rencontré un cas emblématique où une femme avait été frappée et jetée dans la rue avec de graves blessures lors d'un droit de visite du père, lequel a été condamné à un mois de prison avec sursis. Terrorisée, elle n'a plus osé lui présenter l'enfant. Elle a finalement été condamnée à six mois de prison ferme. Un an plus tard, elle ne s'était toujours pas reconstruite.

En conclusion, on le voit, la médiation familiale demande à être maniée avec beaucoup de précautions, car son utilisation à mauvais escient peut se révéler particulièrement nocive.

On ne peut que se féliciter de l'évolution de notre justice, en France, qui cherche d'abord la pacification des couples, la mise en place d'une résidence alternée pour les enfants et la mise en place de solutions constructives par le biais d'un médiateur familial dans le cadre des conflits parentaux. De même, on ne peut qu'apprécier la tendance actuelle d'un droit collaboratif. Cependant, cette idéologie dominante n'est malheureusement pas possible dans le cas du harcèlement moral. Elle est contre-productive en renforçant la violence conjugale par une violence des institutions parfois implacable.

IV. Les conséquences du harcèlement moral et des violences sur les enfants témoins

Les enfants témoins de violences ne sortent pas indemnes à partir du moment où ils vivent dans un foyer miné par une violence conjugale répétée. Pour un enfant ou un adolescent, être exposé aux violences d'un parent envers l'autre parent est tout aussi traumatisant que de la vivre lui-même. L'enfant exposé est celui qui voit, qui entend, qui vit dans un climat de peur et d'insécurité qui ne lui permet de se construire sereinement. Il peut aussi subir de la maltraitance.

La loi du 9 juillet 2010 inscrit clairement dans son titre la problématique des enfants, puisqu'elle est « relative aux violences faites spécifiquement aux femmes, aux violences au sein des couples et aux incidences de ces dernières sur les enfants ». Cependant, elle n'apparaît pas en tant que telle dans le titre du rapport parlementaire, qui présente uniquement un état des lieux des violences faites aux femmes. Pourquoi rajoute-t-on la mention *« aux incidences de ces dernières sur les enfants »* alors que ceux-ci sont en fait les grands absents de cette loi ? Car — tous les experts en conviennent — les violences au sein d'un couple ont forcément des incidences sur les enfants, même lorsqu'ils n'en sont que témoins. La loi doit les protéger.

Dans sa Convention du 7 avril 2011, le Conseil de l'Europe préconise que les enfants confrontés à ces situations soient suivis et accompagnés. On observe en effet une intériorisation de la violence vécue en tant que témoin, raison pour laquelle ils développent en général une problématique du lien : soit les enfants reproduisent la violence, soit ils développent des symptômes graves, tels que l'anorexie, l'anxiété, des addictions à l'alcool, à des drogues licites ou illicites, des passages à l'acte délictueux, des maladies psychosomatiques, voire commettent des tentatives de suicide. Les enseignants notent des difficultés d'attention, une forme d'hyperactivité ou au contraire d'atonie, des comportements agressifs, manipulatoires, fuyants, une incapacité à se projeter dans l'avenir, donc une démotivation scolaire. Ces enfants souffrent cruellement, ils sont dans un état aigu de maltraitance. Le manipulateur destructeur leur vole leur enfance. Sans remords. On n'a pas d'état d'âme quand on mène cette guerre qui ne dit pas son nom.

Là encore, on constate que la problématique n'est pas ignorée. Au contraire, elle est pointée, reconnue, mais quand on regarde de près quelle est la réponse donnée par la loi du 9 juillet 2010, on s'aperçoit qu'elle n'en apporte en fait aucune de précise, exception faite du paragraphe 6 de l'article 373-2-11 du Code civil, qui, comme nous venons de le voir n'est que rarement appliqué.

L'opinion qui prévaut en France, c'est que l'on peut être un mauvais conjoint, maltraitant pour l'autre, et néanmoins un bon parent. Cette croyance issue des positions d'experts d'il y a une trentaine d'années a été largement répandue, notamment dans les formations des travailleurs sociaux, et des professionnels de la santé et des professionnels du droit.

En réalité, les juges des enfants sont de plus en plus souvent confrontés à des affaires dans lesquelles un parent se plaint que son enfant est en danger sur le plan affectif ou psychologique. Les problématiques d'ordre psychologique sont complexes. Il ne s'agit plus de celle de l'enfant mal traité, c'est-à-dire mal nourri, mal soigné, pas ou peu scolarisé. Du point de vue de la loi, un enfant est considéré en danger en fonction de quatre critères, qui se résument ainsi : qu'en est-il de son évolution physique, intellectuelle, sociale, et enfin affective et psychologique ?

Lorsque les divorces sont difficiles, après que le juge aux affaires familiales a pris sa décision, que la résidence a été fixée chez l'un ou l'autre des parents, il arrive de plus en plus que le juge des enfants soit à nouveau saisi par l'un des parents. Il s'agit de situations où l'enfant est instrumentalisé et utilisé comme une arme contre l'autre pour continuer une guerre sans fin. Les difficultés à mettre en place les droits de visite ou de résidence s'aggravent dans ce cas, et cela donne lieu à des signalements.

Comprenons bien les mécanismes, le juge aux affaires familiales est là pour énoncer les droits de chacun des conjoints. De leur côté, face à une justice dont ils ne connaissent pas les tenants et les aboutissants, les parents adhèrent de plus en plus à des associations de défense de leurs droits. Nous vivons une période de montée des droits subjectifs, notamment celui du « *droit à l'enfant* ». L'intérêt supérieur de l'enfant devrait avant tout guider le juge aux affaires familiales, et non pas le droit du parent « *à* » l'enfant. Mais aujourd'hui, au nom des droits de l'Homme, les droits subjectifs ont pris le pas sur le droit objectif qui représente un ensemble de droits et obligations par rapport au droit social. On a assisté à la montée d'un grand nombre d'autres droits, depuis le droit de vote, à celui de la santé, en passant par le droit au logement, au choix de sa sexualité, à la jeunesse, à la différence, à un air pur, etc. Avec la limite de l'impossible, mais aussi du seuil de tolérance du débiteur de cette montée des droits subjectifs, c'est-à-dire l'État. Jusqu'à quel niveau l'État peut-il se porter garant de ces « *droits à* » ? On sait bien que le droit à la santé s'arrête au bord du trou de la Sécurité Sociale. Néanmoins toute notre société consumériste s'est développée sur la base de ces droits subjectifs. Et bien sûr, c'est dans ce cadre que se pose la problématique des débats devant le juge aux affaires familiales. La pression des pères est très forte. Avec une certaine confusion, puisqu'on considère que l'un équivaut à l'autre, alors que l'enfant, au cours de son évolution, a besoin de l'un plus que l'autre selon les périodes de sa vie.

V. Le problème de la résidence des enfants

Les spécialistes de la théorie de l'attachement ont décrit comment se développe le sentiment d'insécurité chez l'enfant confronté à la violence psychologique entre ses parents. L'enfant est pris dans un véritable piège quand le parent destructeur refuse d'admettre sa souffrance, étant lui-même complètement égocentré. Il est alors quasiment impossible de la faire reconnaître au système judiciaire et donc d'y remédier. Non seulement les juges sont débordés par le nombre de dossiers, mais de surcroît certains n'ont que peu de formation sur le développement infantile. Dans le cadre de l'autorité parentale partagée, aucun parent, confronté au mal-être de son enfant, ne peut le faire suivre par un pédopsychiatre sans l'autorisation de l'autre parent lorsqu'une résilience alternée est ordonnée.

La situation se révèle terriblement enfermante, au détriment de l'enfant qui va se construire avec une violence enkystée au fond de son être.

La résidence alternée est avant tout une question de discernement

Beaucoup de pays européens font marche arrière sur le sujet de la résidence alternée. Personnellement, je ne suis pas contre ce mode de résidence alternée, ni *a priori* pour ou contre la résidence chez l'un ou l'autre parent. À chaque fois, il s'agit d'une question de discernement, donc de réflexion liée à la prise en considération d'une situation singulière. Quand il y a conflit, la médiation permet de trouver des solutions. Mais quand on a affaire à de la violence psychologique ou au harcèlement moral, on a vu qu'elle ne peut aboutir. Mais alors, comment savoir précisément dans quel cas de figure on se trouve ?

En général, les manipulateurs pervers destructeurs ont trois bonnes raisons pour demander la résidence des enfants à leur domicile. Soit il s'agit d'éviter de payer une pension. Ils ont un rapport pathologique à l'argent. Soit ils cherchent inconsciemment à punir leur mère à travers leur femme. C'est en effet avec leur propre mère qu'ils règlent leurs comptes. Soit encore se faire materner par ses propres enfants. « Ce sont des gens très immatures, précise une psychothérapeute. Ils comptent sans aucun scrupule sur les autres, tous les autres, y compris leurs enfants, pour combler leurs propres besoins affectifs. Il est fréquent qu'un parent immature inverse les rôles et parentalise ses propres enfants, même lorsqu'ils sont très jeunes. Leur immaturité les rend incapables de s'occuper d'un enfant. Confier un enfant à un manipulateur, c'est demander à un enfant de sept à dix ans d'en garder un autre. » Voilà qui est sans appel !

VI. Le syndrome d'aliénation parentale (S.A.P.)

La protection de l'enfant est assez simple lorsque s'exerce une violence physique. La situation est beaucoup plus compliquée quand il est aliéné par l'un des parents contre l'autre parent. Le critère de son évolution psychologique se révèle plus subjectif, donc difficile à évaluer. Des psychologues, des professionnels variés, de même que de nombreuses associations se sont engouffrés dans cette problématique. On attire l'attention sur le fait que de plus en plus de femmes chercheraient à éloigner leurs enfants de leur père afin de punir le père, présentant ce que l'on appelle un syndrome d'aliénation parentale. Le lobby des associations de pères est assez puissant. Ces associations de pères exigent la résidence alternée obligatoire et systématique dès la séparation et dès la naissance, au nom de l'équité, de l'égalité des sexes et de la parité père-mère.

La mère est accusée d'être trop fusionnelle, possessive, donc castratrice dans son amour invasif sans limites. Depuis Freud, on considère que le père assure une fonction de rupture avec la mère à un certain stade du développement de l'enfant. Le père est le représentant symbolique de la Loi que l'enfant doit intégrer, faute de quoi son développement personnel sera problématique. On en tire la conclusion que la présence du père est indispensable pour que s'effectue la séparation d'avec la mère-amour, séparation préalable à une bonne intégration de la Loi. Cette interprétation s'impose depuis le dix-neuvième siècle ! Même quand le père a été un père maltraitant, on estime que l'enfant doit voir impérativement son père, car il vaudrait mieux un père maltraitant que pas de père du tout. Le débat n'a de cesse. Il soulève de nombreuses questions. D'aucuns diront que trop gâter un enfant, ne pas lui donner de limites, en faire un enfant-roi revient à le maltraiter. Par ailleurs, à quel moment peut-on juger qu'une mère est fusionnelle ? Qu'appelle-t-on le Père avec une majuscule ? L'important est sans doute la nécessité de préserver la fonction symbolique du père, soit à travers un substitut du père — une autre personne, parent proche ou autre — soit à travers le discours de la mère qui peut parfaitement intégrer la Loi. À une époque où disparaît le sacré, le symbolique s'estompe également. La Loi du Père chez Lacan, ce n'est pas loi de papa, c'est celle du père symbolique !

Dans nos tribunaux, il y a une confusion totale : l'enfant doit voir papa autant que maman, d'où la résidence alternée quand elle est matériellement possible. Ce n'est pas de cela dont il s'agit. Quand il y a un vrai couple parental, avec un projet parental, la médiation est possible. La résidence alternée s'organise sans dommages pour un jeune enfant, lorsque que les parents s'entendent et communiquent entre eux. Elle est gravement préjudiciable quand les parents se font la guerre. Notons qu'en France, le juge peut ordonner une résidence alternée à l'essai pendant six mois quel que soit l'âge de l'enfant, sans autre forme de procès et sans aucune enquête psychologique ou psychiatrique préalable, période à l'issue de laquelle il est fait le point pour observer comment cela a fonctionné. C'est l'enfant cobaye…

VII. Les abus sexuels sur les enfants : comportements incestuels et incestueux

La maltraitance psychologique de l'enfant d'un parent manipulateur peut atteindre l'horreur. C'est également à l'occasion d'un droit de visite que l'on rencontre des postures incestuelles, voire incestueuses. C'est une question extrêmement compliquée. Malheureusement, l'inceste n'est pas un épiphénomène, il existe un chiffre noir de l'inceste qui demeure complètement tabou dans notre société. Cela soulève le problème crucial du crédit accordé à la parole de l'enfant. Le nombre de dossiers classés sans suite avec la mention « non-crédit de la parole de l'enfant » est éloquent.

Claude Lévi-Strauss a montré combien l'inceste est un tabou absolu qui reste innommable dans toutes les sociétés. Dans son ouvrage, *Les structures élémentaires de la parenté,* publié aux éditions PUF en 1949, l'anthropologue explique que la prohibition de l'inceste est ce qui permet le passage de la nature à la culture pour l'homme *:* « C'est là et seulement là que nous trouvons un passage de la nature à la culture, de la vie animale à la vie humaine et que nous sommes en position de comprendre l'essence même de leur articulation ». La prohibition de l'inceste oblige les hommes à l'exogamie, et donc au don à autrui des femmes auxquelles la Loi du groupe les oblige à renoncer. Mais ce don appelle un contre-don, faisant de la femme une monnaie d'échange, le bien suprême par excellence.

Le mot « inceste », du latin *incestus*, signifiant « impur », désigne une relation sexuelle entre membres d'une même famille. Le droit parle de « rapport sexuel entre deux individus qui sont parents à un degré pour lequel le mariage est interdit par la loi ». Il se réfère donc au droit civil et aux empêchements à mariage des articles 161 et suivant du Code civil. On note que le terme d'inceste n'est pas mentionné dans le code pénal. Une étude de législation comparée du Sénat de 2002 a présenté la qualification pénale de l'inceste et sa sanction dans de nombreux pays de l'Europe. Il en est ressorti d'une part, que lorsque la victime n'a pas atteint l'âge de la majorité sexuelle, l'inceste constitue au minimum un abus sexuel sur un mineur dans tous les pays, et d'autre part, que lorsque la victime a dépassé l'âge de la majorité sexuelle et que les relations sont librement consenties, l'inceste ne constitue pas forcément une infraction.

Une proposition de loi n° 1538 du 18 mars 2009, concernant la mention par une définition et une intégration dans le Code pénal, a été présentée en première lecture à l'Assemblée nationale et transmise au Sénat le 29 avril 2009. La proposition de loi est bien plus sévère que la législation actuelle, elle élargit la liste des personnes susceptibles de commettre un inceste, au-delà des ascendants ou frères et sœurs. Elle propose également un dispositif de prévention, de détection et d'accompagnement des victimes. La loi du 8 février 2010 intègre une définition de l'inceste dans le Code pénal. Mais en septembre 2011, le Conseil Constitutionnel juge que la définition des personnes pouvant être poursuivies au titre de l'inceste sur les mineurs est trop imprécise. La loi est censurée. Tant est si bien que le mot inceste n'apparaît toujours pas aujourd'hui dans aucun article du Code pénal français, si ce n'est en titre de paragraphe.

Évidemment, cette question gravissime renvoie à notre problématique de parents manipulateurs pervers destructeurs à plus d'un titre. Je voudrais y revenir. Tous les experts s'accordent à dire que ces derniers ont une personnalité caractérisée par l'immaturité. Le vrai problème est là. Ce sont la plupart du temps des personnes qui n'ont pas grandi psychiquement ou qui ont été victimes elles-mêmes de maltraitance ou de perversion. Les manipulateurs pervers destructeurs ont souvent été élevés dans une posture trop proche de leur mère, qui les a symboliquement châtrés, parfois même rendus malades — syndrome de Munchhausen (9) — pour se les approprier. D'une certaine façon, elle leur a interdit de grandir. Devenus pères à leur tour, ils n'en sont pas moins restés enfants et se complaisent dans une relation de copains avec leurs propres enfants. Au lieu de représenter la Loi aux yeux de l'enfant, ils incarnent le jeu, l'innocence, l'irresponsabilité. Tout est permis, on achète tout et n'importe quoi, en suivant le plaisir immédiat. Notre société consumériste ne fait évidemment qu'aggraver le problème. Cette posture durablement infantile peut également donner lieu à des hommes qui ne s'occupent pas de leurs enfants parce qu'ils se considèrent comme le premier enfant de leur femme. Cela pose inévitablement problème lors de la première grossesse de cette dernière, où les comportements psychiquement violents ne manquent pas d'apparaître. À ce moment-là, précisément, la phase de violence insidueuse se déclenche, qui sera suivie de la période de violence paroxystique au moment de la séparation du couple. On a vu combien le problème du droit de visite est marqué par cette problématique. À cela peut s'ajouter la difficulté aggravée des comportements incestuels, voire incestueux.

Qu'appelle-t-on comportements incestuels ? C'est une posture de confusion de génération, engendrée par une personnalité immature. Dans le temps, les familles nombreuses pouvaient dormir dans un même lit, faute de moyens, aujourd'hui, la société ne l'accepte plus. Certains réfléchissent à la question de savoir si un enfant de deux ans peut dormir dans le lit de ses parents, à partir de quel âge on ne doit plus l'y autoriser… La société a évolué, et ses mœurs avec. Là encore, tout est une question de discernement et de réflexion. Il ne doit pas y avoir confusion de génération. Or, quand un parent est immature, qu'il a cinq, sept ou dix ans d'âge affectif, elle se produit forcément. On voit alors des parents se déplacer en scooter avec à l'arrière un enfant sans casque, par exemple. Ou alors un père qui habille sa petite fille de dix ans de façon très sexy, petite robe affriolante et talons hauts, et l'emmène dîner en tête-à-tête à la pizzeria, puis va prendre un verre avec elle bras dessus, bras dessous. Il est fier de se montrer accompagné d'une lolita. On est dans une complète confusion des genres. De telles situations flattent l'ego de ces pères infantiles, certes, mais ils sortent par là même du cadre d'une relation père-fille équilibrée. Nous nous trouvons alors dans le cas d'une relation incestuelle, car il y a mélange des genres. Il n'est pas question de passage à l'acte, sinon la relation serait à proprement parler incestueuse, mais symboliquement il y a quelque chose qui renvoie au tabou de l'inceste.

Plus la mère protectrice s'inquiète de cette situation, plus cela renforce le plaisir du manipulateur destructeur de s'opposer à elle, de l'inquiéter. Ses plaintes produisent un renforcement négatif de sa posture. Si elle dénonce les comportements du père, on lui reproche d'être trop protectrice, voire abusive. J'ai été confronté au cas d'un enfant qui rentre chez sa mère après avoir passé le weekend chez son père. Il lui raconte que ce dernier aime sucer ses orteils de petit garçon. Affection paternelle? Tendresse démonstrative? Comme à ce même moment, un homme politique vient de défrayer la chronique avec la dénonciation des massages plantaires qu'il proposait à ses conquêtes, goût que les médias présentent comme suspect, l'enfant est déstabilisé. Ne sachant dire si tout cela est bien ou mal, il décide d'en parler à sa mère.

L'enfant est-il manipulateur ? Peut-on croire à sa parole ? Elle mène son enquête et découvre les tendances perverses de son ex-mari dans des courriels échangés sur un site de rencontres, et qu'il a laissés sur l'ordinateur.

Dans un autre cas, une fois le mari parti, la mère découvre dans l'ordinateur, laissé à la maison, des dizaines de photos de son enfant de deux ans assis sur le pot, vu sous tous les angles. Gros plans sur son postérieur de bébé. Elle s'inquiète. Elle dénonce le problème. Mais cette préoccupation se retourne contre elle. La plupart du temps la plaignante est déboutée. La brigade des mineurs classe l'affaire sans suite, puisqu'il n'y a pas eu de passage à l'acte. Ce qui est condamnable c'est l'agression sexuelle d'un majeur sur un mineur, c'est-à-dire l'acte de pénétration. La posture incestuelle, plus virtuelle, n'est pas condamnable en tant que telle. Pourtant ce n'est pas une posture juste, elle est en elle-même perverse et pervertissante. Il conviendrait que les travailleurs sociaux fassent porter leurs efforts sur ces situations, avant le jugement du juge aux affaires familiales, au titre de la prévention du comportement incestueux. À quel moment le comportement incestuel peut-il devenir incestueux ? À quel moment y-a-t-il passage à l'acte ? Souvent l'enfant se confie à l'école et ce sont les enseignants qui devraient déclencher le signalement.

Depuis l'affaire Outreau, la parole de l'enfant est suspecte par principe, voire niée. Normalement, les policiers qui interviennent en enquête les interrogent d'abord dans le cadre de la procédure Mélanie (10), puis n'enregistrent que ce qui est dicible. Mais dans un contexte d'enquête policière, l'enfant est sujet aux angoisses. Il hésite, n'est pas suffisamment clair dans ses propos, voire même se contredit. Et l'affaire est classée sans suite dans 90 % des cas. Tout le travail qui a été fait depuis vingt ans pour reconnaître la parole de l'enfant a été brutalement annihilé par l'affaire Outreau. À l'image d'une société qui ne prend plus aucun risque, certains juges s'abritent derrière le principe de précaution, du risque zéro, qui induit finalement une forme de lâcheté dans la prise de décision. On préfère ignorer et se mettre en situation de non-assistance à personne en danger. Dans son très beau livre, *L'éloge du risque*, la philosophe psychanalyste Anne Dufourmantelle relève combien le risque zéro est « devenu l'horizon obligé de nos décisions collectives et individuelles. […] Le risque zéro auquel nous aboutissons est mortifère. Il déresponsabilise le sujet de son acte, il le scinde de l'intérieur en un être de pulsions qui risque tout et n'importe quoi […]. Ce qui fait de lui potentiellement un déviant ou un individu pathogène en puissance. »

Le danger du risque zéro se complexifie en l'absence de guichet unique sur le plan judiciaire. Chaque juge nomme son expert. On assiste à une bataille d'expertises. Un premier expert conclut que telle mère est dans la projection, animée par ses angoisses personnelles. Principe du risque zéro : le Parquet nomme son propre expert. Celui-là pense au contraire que la parole de l'enfant est crédible, mais que c'est à la justice de prendre sa décision.

Principe du risque zéro de l'expertise : la décision revient au juge. Un troisième expert est nommé par le juge aux affaires familiales pour savoir si le droit de visite est possible. Il conclut que le père est certes narcissique, mais que la mère est fusionnelle, donc abusive, et par conséquent rien ne s'oppose à ce que le père ait un droit de visite. Ensuite le juge des enfants nomme un quatrième expert à travers une association qui défend le père et son droit de visite. Dans la mesure où, au plan pénal, un non-lieu est prononcé malgré l'expertise selon laquelle la parole de l'enfant est crédible, possiblement contredite par une expertise inverse, renvoyé d'une instance, l'histoire dramatique de l'enfant devient une peau de chagrin qui va le laisser dans la nudité de sa détresse. Finalement, on considère qu'il ne s'est rien passé.

Mais plus encore, s'il y a eu un problème, c'est forcément à cause du comportement fusionnel et projectif de la mère. Puisqu'un non-lieu a été prononcé, on confond vérité judiciaire et vérité tout court. Le juge civil et le juge pour enfants ne devraient-ils pas avoir l'obligation de réexaminer les choses, non pas d'un point de vue pénal, mais au regard de la protection des enfants ? Or, souvent, se retranchant derrière la décision de classement sans suite, le juge ne le fait pas. Voilà une autre confusion des genres à travers le niveau de juridiction. Puisqu'il n'y a pas eu de condamnation en correctionnel, le juge attribue le droit de visite, quelquefois même une résidence alternée. On peut être amené à placer les enfants pour les mettre à distance d'une mère problématique. De surcroît, les juges peuvent être amenés à placer les enfants afin de les mettre à distance d'une mère prétendument problématique, qui aurait cherché à déclencher un procès mal intentionné.

Qu'est-ce qui nous dérange tant dans la reconnaissance des comportements incestuels ? Nous nous heurtons certainement encore à la croyance selon laquelle le privé demeure une zone de non-droit. Dans le huis-clos de la sphère privée, plane l'ombre de ce que l'on a peur de rencontrer, et même de seulement nommer. Pour l'opinion publique, la fonction symbolique du signifiant est importante. Si l'on ne nomme pas les choses, elles n'existent pas. Notre société reste solidement ancrée dans le déni de l'inceste. C'est l'innommable ! L'horreur que l'on ne peut regarder en face. C'est encore plus flagrant dans « *une société qui n'a plus le courage de rien* », selon l'expression de Cinthya Fleury.

On peut s'interroger sur le lien entre comportements incestuels ou incestueux et le profil psychologique du manipulateur pervers destructeur, sachant qu'il se caractérise par une immaturité affective. Le pervers lui-même reproduit le processus pervers à travers lequel il a été contraint de se construire. Soit il a lui-même été victime de maltraitances physiques, soit de comportements incestuels ou incestueux, soit d'une agression d'un tiers et pour ne pas devenir fou, il s'est construit dans une psychorigidité, vide sur le plan affectif. Sinon il aurait décompensé. Seules les apparences peuvent le contenir. Elles sont sa carapace de guerrier. Notre société de l'image valorise à outrance les apparences, les limites du réel et du virtuel se confondent. C'est pourquoi elles lui offrent un formidable terrain de jeu, où il lui est aisé de se camoufler avec la plus grande facilité. Il faudrait à un moment qu'intervienne un coup d'arrêt salutaire. Soit par une psychanalyse, mais les manipulateurs destructeurs la refusent, se réfugiant de façon psychotique dans le déni. Soit par la loi, qui doit assurer la protection des enfants de parents pervers car il s'agit d'une posture qui se reproduit de génération en génération. Mais, comme on vient de le voir, la chaîne de responsabilités se dilue dans les arcanes sociaux et judiciaires. Inconsciemment, on ne veut pas voir.

Le corps social désarticulé se réfugie dans l'aveuglement, réponse homéostatique à des changements qu'il ne peut assimiler faute de repères précis. Il devient lui-même pervers. En ce sens, la perversion qui sévit au sein du couple se nourrit de la perversité d'une société du chacun pour soi, qui souffre d'une carence de liens véritables. Chacun utilise l'autre, le manipule, l'instrumentalise à ses propres fins.

Bien évidemment, il convient de ne pas placer au même niveau la manipulation de l'autre à ses propres fins, qui peut aller jusqu'à l'escroquerie, et celle de la perversité, qui se caractérise par la jouissance du mal que l'on fait à autrui, exalté par un sentiment de toute-puissance.

Cela soulève nombre de questions. Pourquoi une telle augmentation de la violence sexuelle chez les mineurs, par exemple ? Le rapport 2016 de l'ONU tire la sonnette d'alarme : la violence sexuelle des mineurs est en forte hausse partout dans le monde. La France ne fait pas exception à la règle. Les affaires de mœurs représentent plus de la moitié de la délinquance des moins de treize ans. Le nombre de ceux qui viennent de sortir de l'école primaire, mais qui ont déjà commis un viol ou participé à une tournante est en hausse, ce qui devrait inquiéter nos responsables politiques et nous pousser à nous interroger sur les mécanismes qui expliquent 50 % d'augmentation d'agressions sexuelles ou de viols commis par des jeunes adolescents sur d'autres mineurs, depuis dix ans.

On découvre toujours une souffrance à l'origine de l'agression sexuelle. Pour autant la guerre contre l'inceste reste à gagner. Il faudrait commencer par la nommer. Encore une fois, ce n'est pas le fait de dormir avec son enfant, de l'aider à faire sa toilette, de se promener nu devant lui chez soi qui est incestuel. Il ne s'agit pas de sombrer dans une posture morale pudibonde. On peut avoir des convictions naturistes ou une posture simplement nourricière, qui ne posent pas de problème en elles-mêmes. C'est le profil de la personne, sa personnalité, qui est en cause. La posture perverse nécessite une prévention et une sanction.

Alors que le consumérisme annihile de plus en plus la fonction du sacré dans la vie sociale, la violence envahit tous les espaces de la vie humaine, tant à l'intérieur qu'à l'extérieur. La frontière entre le dedans et le dehors a disparu, générant une grande confusion à toutes les strates de la société. On a besoin de redéfinir les valeurs qui permettent de renouer des relations claires entre les individus, entre ce qui est permis et ce qui ne l'est pas. La loi joue ce rôle-là. Voilà pourquoi le système judiciaire a besoin travailler sa cohérence interne. Voilà pourquoi la simple mise en place du guichet unique permettrait de mieux protéger les victimes de violences psychologiques. Voilà pourquoi la prévention par la formation des professionnels est indispensable à la régénération et à la protection du corps social.

Les nouveaux enjeux de la lutte contre la violence intra-familiale

I. Le triangle dynamique «agresseur-victime-enfant témoin»

La question de la violence psychologique et du harcèlement moral au sein des familles est extrêmement complexe. Dans le cadre de la protection de la victime et de l'enfant témoin, nous avons abordé la question à travers la triangulation «agresseur-victime-enfant témoin», mettant en lumière les comportements du manipulateur pervers destructeur difficiles à reconnaître pour toute personne non sensibilisée ou dûment formée. Il faut bien comprendre qu'il s'agit d'une violence à trois, chacun la vivant ou la recevant à son propre niveau. Il s'agit bien d'une situation de triade dynamique et non pas d'une simple situation duelle. Dans ce dernier cas, ce serait beaucoup plus simple d'y remédier. La violence psychologique au sein de la famille se caractérise par une problématique psychopathologique du lien à l'autre. La loi du plus fort au sein du couple prédomine au détriment de la relation triangulaire saine (père-mère-enfant) qui permet normalement à l'enfant d'élaborer sa propre construction subjective en y intégrant la gestion de ses pulsions de violence, inhérentes à la nature humaine, dès sa naissance. L'enfant témoin d'une dualité mortifère s'enferme dans ses angoisses et voit son devenir lourdement hypothéqué. Il a de grandes chances de reproduire cette violence, car l'identification au parent violent est le plus souvent un mécanisme d'auto-défense qu'il actionne au moment de son processus d'individuation.

Face à cette violence insidieuse qui dévaste des familles et laisse souvent des séquelles profondes, quelle stratégie de réponse mettre en place, qui soit à la hauteur de la gravité de la situation ? Il ne s'agit pas de se livrer à une chasse aux sorcières, visant à débusquer les manipulateurs pervers destructeurs là où ils se cachent, c'est-à-dire derrière leur masque de bon Docteur Jekyll. Il ne s'agit pas de désigner les bons et les méchants dans une société à la dérive, il convient davantage d'accompagner les victimes de violence ainsi que les auteurs, ce qui éviterait la récidive et donc de nouvelles victimes.

II. Nécessité d'une politique intégrée

Il s'agit de mettre en place une prise en charge globale et pluridisciplinaire, qui coordonne les interventions de l'ensemble des partenaires sociaux et juridiques devant intervenir. La convention du Conseil de l'Europe évoque **le principe des «3P»** : Prévention – Protection – Poursuite des auteurs de violence psychologique et de harcèlement moral.

Tous les experts s'accordent à dire qu'il convient aujourd'hui de créer un quatrième pilier : une Politique intégrée, qui mette en œuvre les efforts coordonnés des organisations concernées. Face à l'inefficacité, voire à la contre-productivité des interventions sectorielles, le développement d'une politique intégrée est aujourd'hui incontournable. Nombre de pays européens vont dans ce sens, et bien d'autres encore dans le monde. De nombreuses expériences positives ont été réalisées en France dans ce sens. Il faut maintenant les généraliser. La plateforme ifrav.fr, dont je suis l'un des fondateurs, recense les expériences positives qui permettent de lutter contre ces violences de façon efficiente. Les expériences se multiplient un peu partout, c'est encourageant, et l'on voit bien que les changements apparaissent toujours à la marge d'une société. Mais sans véritable vision d'une politique intégrée, sans impulsion du politique, ces solutions pratiques ne peuvent prendre corps et engager totalement le changement. Il convient d'apprendre aux membres des familles emprisonnées dans un lien défaillant à inventer de nouveaux liens, où individualisme, responsabilité et solidarité se conjuguent. C'est un enjeu majeur pour notre société démocratique. Le Millénaire pour le Développement (OMD) orchestré par les Nations-Unies a défini huit objectifs qui forment un plan approuvé par tous les pays du monde et par toutes les grandes institutions mondiales de développement. Parmi ces objectifs, l'égalité homme-femme constitue un objectif majeur, crucial, absolument décisif en termes de transformation profonde du monde dans le sens d'un mieux-être durable. C'est dire le chemin que nous avons à parcourir, y compris dans nos pays occidentaux où les violences faites aux femmes et aux enfants témoins sont fortement ancrées dans le quotidien. Le 5e Plan de mobilisation et de lutte contre toutes les violences faites aux femmes, 2017-2019, va dans ce sens.

III. Urgence de la création de l'Observatoire national des violences faites aux femmes

La loi du 9 juillet 2010 exige qu'un rapport soit remis par le gouvernement au sujet de la mise en place d'un Observatoire national des violences faites aux femmes et des violences commises au sein des couples, et qu'il soit présenté à l'Assemblée nationale avant le 30 juin 2011. Or, jusqu'en 2017, rien n'a encore été fait dans ce sens-là. Et ce, malgré le rapport parlementaire du 17 janvier 2012, qui fustige justement le non-respect d'une obligation de la loi.

Il est évident que l'absence de statistiques spécifiques nuit considérablement à la prise de conscience du problème, à sa prévention et son suivi. Même si des progrès ont été faits en la matière, nos statistiques demeurent lacunaires, sectorielles, non partagées d'une administration à l'autre. C'est malheureusement encore plus vrai pour les violences faites aux enfants. Or, aucune politique publique intégrée ne sera possible sans éléments scientifiques permettant sa mise en œuvre cohérente. La Convention du Conseil de l'Europe insiste tout particulièrement sur cet aspect. Rares sont les États membres du Conseil de l'Europe collectant systématiquement des données administratives ou fondées sur la population. Il est indispensable de « documenter l'étendue de cette violence en produisant des données solides et comparatives afin d'orienter la politique et de contrôler la mise en œuvre des mesures prises pour remédier au problème » lit-on à l'article 11 de la Convention. Il est nécessaire d'établir des statistiques compilées issues des services de soin de santé et de protection sociale, des services répressifs et des organisations non gouvernementales, ainsi que des données enregistrées par les services judiciaires, y compris les procureurs. L'ensemble de ces services ne peuvent plus se limiter à enregistrer des données répondant à leurs seuls besoins internes. L'Observatoire national des violences faites aux femmes, grâce à la mise en place de logiciels spécifiques, doit rassembler ces données, les rapprocher et les croiser afin de les analyser de façon pertinente. Conformément à la volonté du Conseil de l'Europe, l'Observatoire national devra également effectuer des enquêtes sociologiques fondées sur la population. Il s'agit de fournir des données fiables concernant les expériences de violence endurées par les victimes, les raisons qui les ont poussées à ne pas procéder à un signalement, les services dont elles ont pu ou non bénéficier, leurs attitudes, leurs perceptions, leur ressenti à l'égard de ces violences. Des enquêtes à intervalles réguliers, au niveau national, régional ou local permettront de dégager une vision macroscopique du phénomène par une combinaison des données recueillies, tout en mettant en lumière les spécificités locales.

Cette démarche scientifique doit être confortée par un renforcement de la recherche dans les universités et les laboratoires du CNRS appliquée aux violences faites aux femmes, et aux violences domestiques. Les énormes moyens informatiques dont nous disposons aujourd'hui permettent de collecter et d'analyser les données de façon efficace. Une volonté politique forte est à présent nécessaire. Les médias eux-mêmes ont besoin de ces données pour donner au journalisme la dimension réflexive dont il a besoin, au-delà des pages de faits divers dans lesquelles ces violences familiales sont trop souvent reléguées. Des actions de sensibilisation, des campagnes d'information pourront alors sensibiliser véritablement les différents publics concernés, depuis l'école. Quoi de plus difficile à changer, que des mentalités, qui plus est lorsqu'elles ne sont pas questionnées ?

Sans un Observatoire national spécifique, les croyances à courte vue, les pensées stéréotypées, l'ignorance bienpensante, les querelles de chapelles idéologiques continueront à valoir force de loi de résistance au changement. Seuls des faits précis, chiffrés, comparés et clairement analysés peuvent alerter les consciences et contribuer à modifier les perceptions du grand public comme des professionnels concernés par le problème, et redonner le sens des responsabilités face à un problème dont la gravité est aujourd'hui gravement sous-estimée, quand elle n'est pas tout simplement niée. La perception de tous étant canalisée par la réalité des faits, et non pas fragmentée par le kaléidoscope des apparences, le corps social fragilisé par la perte de repères actuels peut retrouver une cohésion interne.

IV. Nécessité d'une formation spécifique de tous les professionnels concernés

À partir de données fiables, recueillies au sein d'un Observatoire national des violences faites aux femmes et au sein des familles, la formation des professionnels peut s'organiser de façon sérieuse. Il s'agit là d'un second enjeu majeur. L'article 21 de la loi du 9 juillet 2010 préconise une formation destinée aux médecins, aux personnels médicaux et paramédicaux, aux travailleurs sociaux, aux agents des services de l'état civil, aux agents des services pénitentiaires, aux magistrats, aux avocats, aux personnels de l'Éducation nationale, aux personnels d'animation sportive, culturelle et de loisirs, ainsi qu'aux personnels de police et de gendarmerie. La formation professionnelle initiale et la formation continue doivent donner les outils nécessaires afin d'identifier et gérer les affaires de violence familiale à un stade précoce, et de savoir prendre les mesures préventives à bon escient. Elles doivent permettre d'apporter des réponses efficientes en situation de travail, dans le respect des victimes.

Le 7 avril 2011, la Convention du Conseil de l'Europe indique dans l'article 15, relatif à la formation des professionnels : « La formation et la sensibilisation des professionnels aux nombreuses causes, manifestations et conséquences de toutes les formes de violence couvertes par le champ d'application de la présente convention constituent un moyen efficace de prévention de tels actes de violence. La formation ne permet pas seulement de sensibiliser les professionnels à la violence à l'égard des femmes et la violence domestique, mais contribue également au changement de perspective et de comportement des professionnels face aux victimes. En outre, elle améliore de manière significative la nature et la qualité du soutien fourni aux victimes. »

En France, peu de choses ont été mises en place dans ce sens-là. Il y a urgence à y remédier. Urgence à appliquer la loi. On le voit bien sur le terrain. Dans certaines régions, les professionnels de police, gendarmerie, santé et services sociaux sont bien formés depuis peu. Les résultats sont immédiats, les victimes prises en charge, accompagnées dans le dépôt de plainte, dans la sortie de l'emprise et dans la reconstruction personnelle. Lorsque l'absence de formation se fait sentir, les résultats sont traumatisants pour les victimes qui subissent alors une violence institutionnelle gravissime.

On ne peut que louer les efforts de nombreux maires de petites et moyennes villes qui organisent des colloques chaque année. À l'occasion de la journée mondiale de la femme le 8 mars, et de la journée des violences faites aux femmes le 25 novembre, de nombreuses initiatives sont prises à travers le pays. Et c'est heureux ! Des municipalités regroupent victimes, professionnels de la santé, de la justice et personnels de la police pour sensibiliser à la problématique. Il manque toutefois une véritable politique intégrée qui décline une formation solide au niveau de tous les acteurs de la société impliqués dans les violences faites aux femmes et aux enfants, pas seulement les violences physiques mais aussi psychologiques.

V. Des mesures nécessaires pour faire appliquer la loi

Dans l'attente d'une politique intégrée, qui ne semble pas pour le moment mobiliser nos gouvernants, un certain nombre de mesures s'imposent en termes de fonctionnement judiciaire et social pour aider à l'application de la loi et protéger les victimes.

Mettre en place un guichet unique, composé de juges spécialisés, formés au traitement des cas de violences physiques et psychologiques, afin d'éviter le morcellement entre le juge aux affaires familiales, le juge pour enfants, le juge d'instruction ou encore le procureur de la République et de rajouter de la violence institutionnelle à la violence initiale. C'est donner de la cohérence et des leviers décisionnels au système judiciaire. C'est en même temps sécuriser les victimes, les inciter à sortir de la spirale de violence subie.

Permettre la mise en œuvre l'ordonnance de protection de façon plus efficiente suite, non seulement aux violences physiques, mais également psychologiques et de harcèlement moral, sur la base des allégations des victimes, notamment de certificats médicaux circonstanciés qui auront pu être délivrés. Pour ce faire, il convient de permettre aux médecins, notamment les médecins traitants, services urgentistes, psychiatres, etc., d'établir des certificats médicaux sans être condamnés par l'Ordre des médecins pour « intrusion dans la vie privée », selon l'article R.4127-51 du Code de la santé publique. C'est assurer l'obligation d'assistance à personne en danger. La loi du 4 août 2014 a tenté de remédier à cette carence, cependant elle demeure assez peu appliquée de manière rapide et rarement en matière de harcèlement moral.

D'une façon plus générale, **rendre obligatoire la délivrance de certificats médicaux adéquats** – y compris en matière de harcèlement moral – **et le signalement prévu par la loi** sous peine de sanctions disciplinaires, voire pénales.

Lors de l'attribution de la résidence des enfants, et particulièrement en cas de demande de résidence alternée, **prendre en compte le profil psychologique du parent violent chaque fois que sont allégués des faits de violence domestique.** Appliquer la nosographie du Dr Coutanceau, décodée en page 27 du rapport parlementaire Geoffroy-Bousquet, afin de protéger les enfants témoins de ces violences, de leur permettre de bénéficier d'un accompagnement spécialisé, conformément à ce qui est prévu par la Convention européenne du 7 avril 2011. Ainsi pourra-t-on développer la capacité à la discrimination nécessaire dans le traitement du problème, savoir précisément comment assurer un suivi thérapeutique ou au contraire choisir d'apporter des réponses judiciaires.

Prendre en compte la parole des enfants dans les dossiers où sont allégués des faits de postures incestuelles ou incestueuses, leur parole étant quasiment systématiquement écartée depuis l'affaire Outreau. Selon les auteurs, seuls 5 à 10 % des cas de ces paroles sont de faux souvenirs induits, alors que plus de 90 % des cas sont aujourd'hui classés sans suite. Rappelons que très souvent le parent ayant signalé ces faits, dans une posture de protection, est accusé de syndrome d'aliénation parentale. C'est rétablir l'enfant dans son intégrité de sujet, reconnaître les mots qu'il met sur ses maux. C'est exiger des adultes qu'ils prennent leur responsabilité. Avoir le courage de nommer l'innommable.

Faire évoluer les textes régissant **« la prestation compensatoire »** de manière à permettre au juge de fixer la date de l'évaluation de celle-ci en fonction des circonstances de fait, notamment en cas de dissimulation ou d'organisation d'insolvabilité manifeste (et non pas à la date du prononcé du divorce, comme c'est le cas actuellement), aboutissant souvent à ce que la victime se fasse littéralement escroquer financièrement. C'est rétablir la justice, et permettre à la victime de ne pas tout perdre. Revendiquer ses droits, c'est se reconstruire, et restaurer son image.

Délivrer automatiquement les dossiers pénaux aux victimes de violences conjugales, même en cas de classement sans suite, à l'instar des dossiers d'accident systématiquement délivrés aux compagnies d'assurance. C'est assurer le droit citoyen à l'information. L'information est la mesure *a minima* permettant de lutter contre le fléau de cette guerre qui ne dit pas son nom.

Mettre en place dans chaque établissement scolaire un référent « enfant maltraité » avec obligation pour chaque enseignant qui suspecte une maltraitance physique ou psychologique de le signaler sous peine de sanctions. Il appartiendra au référent d'établissement d'en informer un tiers indépendant de l'Éducation nationale (issu du ministère de la Justice) pour traiter le problème avec discernement et faire le signalement aux instances judiciaires.

La mise en œuvre de ces mesures permettrait de faire un saut qualitatif dans la lutte contre la violence psychologique et le harcèlement moral dans la vie privée. Elles représentent les postures réactives justes d'une société en proie aux comportements pervers qui la rongent de l'intérieur et minent ses bases. Notons que le 5e Plan de mobilisation et de lutte contre toutes les violences faites aux femmes, 2017-2019, contient des avancées significatives, notamment :
− la prise en compte des enfants témoins de violences (tel que prévu dans la Convention d'Istanbul depuis 2011) ;
− l'information des professionnels sur le caractère médicalement infondé du « syndrome d'aliénation parentale », et ;
− l'interdiction de la médiation familiale en cas de violence.

Toutefois, toujours pas un mot concernant le harcèlement moral, cette violence qui demeure invisible !

Conclusion

Une prise de conscience de la montée des violences psychologiques dans la vie privée

La loi du 9 juillet 2010 « relative aux violences faites spécifiquement aux femmes, aux violences au sein des couples et aux incidences de ces dernières sur les enfants » s'inscrit dans un mouvement de prise de conscience d'une montée de la violence dans la vie privée. Traditionnellement considérée comme une sphère sacrée, quasiment de non-droit, la vie privée demeure un bastion résistant aux forces de changement de la dynamique sociale. Et pourtant les fondations de ce bastion sont de plus en plus soumises aux chocs du dehors. Plus s'estompent les frontières entre l'intérieur et l'extérieur, le privé et le public, le réel et le virtuel, plus l'Assemblée Nationale et le Sénat sont confrontés aux tensions internes du corps social.

Une Europe fer de lance

Travaillant sur les trois concepts de Justice, de Démocratie et d'État de droit, le Conseil de l'Europe de Strasbourg joue un rôle essentiel dans la réflexion sur cette problématique sociologique majeure en ce début de vingt-et-unième siècle. Un milliard de personnes, vivant sur les territoires de ses quarante-sept États membres, sont ainsi protégées dans le cadre de la Cour européenne des droits de l'Homme de Strasbourg qu'elles peuvent saisir. Ce n'est pas rien ! Les grandes questions sociales et humanistes dépassent celle des frontières.

Au-delà des politiques politiciennes qui agitent la construction de l'Europe des vingt-sept pays membres à Bruxelles, fortement ébranlée par la crise économique et par une crise de la démocratie, il est essentiel de réinventer l'Europe. Il est urgent de repenser une Europe des valeurs sociales, économiques et culturelles. Urgent d'édifier les fondements mondiaux de liberté, vérité et solidarité, seuls capables de créer le socle commun d'une véritable Europe, par-delà les peuples, les cultures et les langues.

Voilà donc le contexte dans lequel le Conseil de l'Europe adopte une convention le 7 avril 2011, intitulée : « Convention du Conseil de l'Europe sur la violence à l'égard des femmes et la violence domestique ». Des définitions précises sont données concernant la violence à l'égard des femmes, la violence domestique, le délit de violence psychologique et le délit de « stalking » ou harcèlement moral. La famille étant considérée dans son entité, la question des enfants témoins de ces violences psychologiques intrafamiliales est clairement posée. C'est une avancée certaine !

Et pourtant, la loi française sur le harcèlement moral demeure incomplète et peu appliquée. Trois types de cause expliquent cela.

Une culture du clivage en France

Notre culture française est une culture du clivage à bien des égards. Traditionnellement, nos universités et grandes écoles forment des élites très spécialisées dans leurs domaines de compétences. Elles manquent malheureusement trop souvent d'ouverture pour aborder les champs complexes de la réalité sociale. Elles n'incitent pas suffisamment à développer une vision globale de l'univers et des ensembles qui nous entourent. La réalité est découpée en disciplines comme en autant de portions de réalité fragmentées et isolées. Il nous est alors difficile de la considérer dans sa totalité, sa complexité et sa dynamique. Notre façon de la percevoir, de l'appréhender et de la vivre en est conditionnée.

Une idéologie de la pacification judiciaire et sociale sans discernement

Cette tendance à cliver la réalité explique également que la loi du 9 juillet 2010 soit peu appliquée. Par ailleurs, comme nous l'avons vu, nous sommes actuellement soumis à une idéologie de la pacification à tout prix qui voudrait que toute problématique sociale soit réglée par la médiation. On ne discerne pas la notion de conflit et celle de violence, on mélange les genres. Or, quand on a affaire à un manipulateur destructeur, aucune médiation n'est possible. On est dans le cadre d'une guerre sournoise, qui ne dit pas son nom. On ne peut pas la confondre avec un simple conflit d'intérêts concernant les enfants ou le patrimoine. Cette posture ne peut pas aboutir positivement, et, qui plus est, elle a pour conséquence désastreuse d'augmenter la violence initiale d'une violence institutionnelle implacable.

Un fonctionnement morcelé des institutions judiciaires, sociales et de santé

L'idéologie de la pacification qui domine actuellement ne permet pas d'actionner rapidement un cadre juridique rigoureux de mise à distance physique et psychologique des victimes, alors que l'ordonnance de protection est une procédure d'urgence et de protection totale. Là encore, on est confronté à un fonctionnement morcelé des institutions judiciaires, sociales et de santé. Pour agir efficacement, elles devraient agir de concert à travers la mise en place d'une instance de coordination, tel un guichet unique, à l'instar de ce qui a été fait en Espagne depuis 2004. Les responsabilités sont diluées dans le fractionnement de la chaîne d'intervention, au détriment de l'efficacité des prises de décision, et par conséquent au mépris du traumatisme des victimes. Je ne saurais que trop souligner combien nous manquons d'une politique intégrée, transversale, de lutte contre les violences faites aux femmes et aux enfants, ce qui ajoute encore une fois de la violence institutionnelle à la violence initiale.

Le changement social demande une vue globale sachant activer des liens interactifs entre les institutions, les services publics, et l'ensemble des organisations concernées par la violence psychologique dans la cité. Coordination, évaluation et rétroaction en boucle sont les maîtres mots d'une politique générale efficiente.

Une question de droit humain essentiellement

Même si l'on peut dire que les violences faites aux femmes et aux enfants relèvent d'une posture masculine archaïque, il appartient à tous de comprendre qu'au-delà de la problématique homme-femme, nous touchons là au cœur d'une question de droits humains. Le vrai problème consiste à définir clairement quelle place occupe la femme dans la Cité. Il est éminemment politique. Le rôle de la femme dans le corps social est un indicateur certain du degré d'avancement d'un pays dans la civilisation. Au conseil de l'Europe, la violence faite aux femmes est traitée dans une commission « égalité hommes-femmes », qui aborde les problèmes dans leur ensemble : la violence, certes, mais aussi le travail, l'école, la santé, les congés parentaux, la maternité, etc. Le harcèlement à l'école, par exemple, est la reproduction de ce qui est vécu à la maison, d'où la nécessité d'intervenir en amont. Plus encore que la morale à l'école, il conviendrait d'y enseigner le droit. En effet, dans la formation des citoyens d'un État de droit, il est indispensable d'enseigner les normes sociales et juridiques.

Une approche d'anthropologie juridique pour une société plus juste, plus humaine et plus citoyenne.

Cessons de traiter la violence psychologique et le harcèlement moral dans la vie privée comme un fait divers, ou comme le problème du voisin. Cessons de fragmenter la réalité en de multiples prismes qui nous évitent de voir ce qui nous dérange. On ne peut trouver de vraies solutions adaptées à la complexité de la réalité contemporaine qu'au prix d'une vision globale et transdisciplinaire, c'est une affaire de cybernétique du corps social. Non seulement la problématique de la violence domestique concerne le champ du droit humain, mais de surcroît, elle ne peut s'appréhender qu'à travers la compréhension du réseau des interactions sociales qui la traversent.

Le corps social morcelé se réfugie dans l'aveuglement, réponse homéostatique à des changements qu'il ne peut assimiler faute de repères précis. Il devient lui-même pervers. En ce sens, la perversion qui sévit au sein du couple, engagé dans une guerre sans merci, se nourrit de la perversité d'une société du chacun pour soi, qui souffre d'une carence de liens véritables. Une politique globale, fondée sur le respect de la dignité humaine, se doit de régénérer le tissu social qui se déchire chaque jour un peu plus, laissant la violence pénétrer chacune de ses fibres. C'est l'antidote à toutes les formes de totalitarisme qui guettent les plaies de nos démocraties dans l'ombre de leurs crises.

Orientée sur la compréhension des interactions entre les différents éléments qui travaillent la société, attentive aux relations entre le dedans et le dehors délimitant les frontières fluctuantes du corps social, l'anthropologie juridique tente d'apporter des réponses qui soient avant tout pratiques, humaines, citoyennes et globales. En rendant les lois vivantes dans leur appréhension par les citoyens, en les éclairant par les fondements du droit humain, elle cherche à sans cesse rester dans le mouvement du monde tel qu'il va, afin d'accompagner ses mutations.

Penser l'impensé au nom des droits de l'Homme

On ne peut sortir des affres de notre civilisation en ce début de vingt-et-unième siècle miné par le consumérisme, qu'en pensant l'impensé, c'est-à-dire, en changeant de paradigme, afin de régénérer un corps social souffreteux, dont les multiples formes de violence sont les symptômes évidents. Et le réinventer. Tout ce qui est à la marge aujourd'hui peut devenir un moteur demain. Cherchons à le discerner, et à l'intégrer dans un nouvel équilibre vital, au lieu de le nier. La loi sur les violences domestiques est dûment votée mais peu appliquée, sans doute est-elle encore à la marge de l'impensable. Il convient de l'expliquer, de la porter, de former et d'informer. On est alors sur la voie d'une nouvelle démocratie, qui légitime un véritable pouvoir, fondé sur les valeurs de Liberté, Vérité et Solidarité. La seule voie capable de réguler une forte dynamique sociale ouverte au changement dans le respect des droits de l'Homme.

Notes

(1) L'homéostasie : ce terme provient du grec *homoios* qui signifie « similaire » et *histēmi* qui signifie « immobile ». Il est utilisé la première fois par le biologiste Claude Bernard, dans *Introduction à l'étude de la médecine expérimentale*, 1865. Il a pour sens l'équilibre dynamique qui maintient vivant un organisme vivant. Il a été utilisé dans les années 70 en sociologie et en **analyse systémique**, avec le sens de « tendance des êtres vivants et des organismes vivants à rechercher à maintenir constants leur milieu interne et leurs paramètres physiologiques ». Appliqué à l'analyse d'une société humaine, il signifie la résistance aux changements de ses éléments afin de conserver la cohésion et l'équilibre initiaux.

(2) L'équifinalité. C'est un concept appartenant à l'analyse systémique, science qui insiste sur la dynamique des changements qui se produisent à l'intérieur de tout système dès lors qu'il est ouvert. En effet, tout système effectue des changements dans les flux d'énergie, de matière ou d'information qui le traversent. Ces changements caractérisent sa fonction et son dynamisme. De surcroît, tout système vivant doit être identifié à travers ses finalités, c'est-à-dire ses buts et ses objectifs. Le biologiste, fondateur de la théorie systémique, Bertalanffy en a tiré son « principe d'équifinalité » : tout système qui clarifie ses buts tend vers un nouvel équilibre.

(3) La crainte révérencielle : il s'agit du devoir d'obéissance inconditionnelle qu'une personne inspire du fait de l'autorité qui est la sienne. Dans les sociétés traditionnelles, c'est le respect et la crainte du patriarche, ou des aînés, auxquels on doit une obéissance absolue. Cette attitude est liée également à des croyances religieuses selon lesquelles l'obéissance inconditionnelle et craintive, hautement méritoire, garantit l'agrément de Dieu et permet de s'en rapprocher.

(4) Émile Durkheim, dans sa thèse *De la division du travail social*, en 1893, le sociologue français explicite le lien social : dès lors que se produit la division du travail, les individus sont obligés de se différencier de plus en plus, et ce, dans toutes les sphères de la vie sociale (économie, administration, justice, science, etc.). On passe donc d'une société traditionnelle où les individus sont liés entre eux par leurs similitudes d'appartenance (les hommes, les femmes, le clan, etc.) qui fonctionne selon un principe de **solidarité mécanique**, à une société moderne où les individus deviennent différents et interdépendants du fait de la spécialisation du travail, fonctionnant alors selon un principe de **solidarité organique**, à l'image des différentes fonctions du corps humain.

(5) L'article du Monde est consultable sur le lien suivant : http://www.soulezlariviere.com/questions-de-societe/article/le-juge-roi-malgre-lui-violence-psychologique-et-paix-des-menages.html

(6) Dans leur rapport parlementaire du 17 janvier 2012, d'évaluation de la mise en application de la loi, les députés Geoffroy et Bousquet écrivent : « Nous avons été particulièrement impressionnés par le remarquable dispositif mis en œuvre au tribunal de grande instance de Bobigny, qui permet à une victime de se présenter au tribunal et de rencontrer, dans la même journée, une association d'aide aux victimes, le bureau d'aide juridictionnelle, un avocat et le juge aux affaires familiales de permanence. La garantie lui est donnée que la décision du juge sera rendue dans les huit jours. Si nécessaire, un hébergement lui est fourni le jour même pour lui éviter de rentrer chez elle et un téléphone d'urgence ("téléphone de grand danger") peut lui être attribué afin qu'elle puisse prévenir les forces de l'ordre si l'auteur des violences s'approche d'elle. La mise à l'abri est ainsi immédiate et totale. On devine toute l'organisation nécessaire pour donner cette réponse rapide aux victimes et le travail collaboratif qui la sous-tend. Les engagements de chacun figurent d'ailleurs dans un partenariat. Ce n'est pas un hasard si le tribunal de grande instance de Bobigny a rendu un cinquième des ordonnances de protection délivrées dans toute la France ! »

(7) La polémologie, du grec *polemos*, « la guerre », est la science de la gestion des conflits et de la guerre. J'ai moi-même enseigné cette discipline en tant que professeur associé, à mi-temps, à l'université de Strasbourg où existe l'un des seuls instituts de polémologie en France. On distingue la macro-polémologie appliquée à la guerre, et la micro-polémologie appliquée aux conflits de la vie sociale (grèves, violence urbaine, divorces, etc.) Elle permet de différencier de façon scientifique les états de tension, les états de crise et les états de passage à l'acte, et donc d'intervenir de manière efficiente dans la situation factuelle. Elle a essentiellement été élaborée par le sociologue allemand Georges Simmel.

(8) Cf. : l'article de Laurent Hincker, in *la médiation pénale : pour quoi faire ?* In Cahiers du CEMRIC, Éthique du différend : fonction de la médiation, n° 11, automne 1998, p.19)

(9) Le syndrome de Münchhausen : Ce syndrome est une forme clinique des troubles factices, assez peu connue. Richard ASCHER, médecin londonien (1912-1969) décrit des patients qui construisent des signes pathologiques. Ils mentent au sujet de leurs symptômes et sur leur propre histoire médicale, et voyagent beaucoup d'où le nom de Münchhausen en référence au baron du même nom qui racontait des fables et voyageait beaucoup. En 1951, Asher décrit des patients adoptant un comportement de mensonges avec de multiples voyages. (source : http://www.psychoactu.org) Dans notre problématique, il nous est arrivé de rencontrer des cas de syndrome de Münchhausen par procuration, où l'un des parents inventait des maladies à son enfant pour l'empêcher de grandir et mieux le garder auprès de lui.

(10) La procédure Mélanie : loi du 17 juin 1998 relative à la prévention et à la répression des infractions sexuelles, ainsi qu'à la protection des mineurs, par laquelle l'évaluation de la parole de l'enfant appartiendrait aux professionnels compétents dans le cadre de la procédure judiciaire. La procédure Mélanie est obligatoire en matière d'infraction sexuelle et elle peut éventuellement être utilisée dans les cas des violences psychologiques et physiques les plus graves.

(11) Luc Frémiot, *Je vous laisse juges…, Confidences d'un magistrat qui voulait être libre,* édition Laffont, 2014.

Table des matières

Introduction 5

La problématique des violences faites aux femmes 19
- I. Une posture masculine archaïque 19
- II. Violence domestique, harcèlement moral dans la vie privée et conséquences sur les enfants témoins : définitions du Conseil de l'Europe 21
- III. L'évolution du concept de « stalking » à travers les lois en France 32
- IV. Le problème de la preuve et du certificat médical. 34
- V. Droit ou devoir d'ingérence dans la vie privée ? 37
- VI. La mise à distance physique : une ordonnance de protection difficilement applicable en France 41
- VII. Le harcèlement économique : une « escroquerie financière familiale » 45

Et les enfants dans tout ça ? 49
- I. Les comportements stéréotypés des manipulateurs destructeurs 49
- II. Les trois profils du manipulateur pervers destructeur selon le Docteur Coutanceau. 53
- III. L'impossible médiation avec un manipulateur pervers destructeur ou la violence institutionnelle 54
- IV. Les conséquences du harcèlement moral et des violences sur les enfants témoins 59
- V. Le problème de la résidence des enfants 62
- VI. Le syndrome d'aliénation parentale (S.A.P.) 64
- VII. Les abus sexuels sur les enfants : comportements incestuels et incestueux 66

Les nouveaux enjeux de la lutte contre la violence intra-familiale 77
I. Le triangle dynamique « agresseur-victime-enfant témoin » 77
II. Nécessité d'une politique intégrée 78
III. Urgence de la création de l'Observatoire national des violences faites aux femmes 80
IV. Nécessité d'une formation spécifique de tous les professionnels concernés 82
V. Des mesures nécessaires pour faire appliquer la loi......................84

Conclusion 89

Notes 97

Questions juridiques

aux éditions L'Harmattan

Dernières parutions

LES OBJECTIFS DE LA RÉGULATION ÉCONOMIQUE ET FINANCIÈRE
Sous la direction de Gabriel Eckert et Jean-Philippe Kovar
Les buts de la régulation économique et financière impriment profondément le droit de la régulation mais semblent avoir considérablement évolué depuis une trentaine d'années. Ainsi l'objectif traditionnel de la construction de marchés concurrentiels, dans des secteurs anciennement sous monopole ou très fortement réglementés, est complété par de nouveaux objectifs extraconcurrentiels. La diversité des buts assignés aux régulateurs oblige les autorités de régulation à opérer une conciliation des objectifs au risque de dénaturer leur office.
(Coll. Logiques Juridiques, 28.50 euros, 276 p.)
ISBN : 978-2-343-11504-7, ISBN EBOOK : 978-2-14-003398-8

LA RESPONSABILITÉ CIVILE DES ENSEIGNANTS EN CAS D'ACCIDENT SCOLAIRE
Brusorio Aillaud Marjorie
Le régime de responsabilité civile des enseignants en cas d'accident scolaire fut envisagé dans le Code civil dès 1804 puis modifié en 1899 et 1937. La loi est actuellement inadaptée et critiquée à la fois par les victimes et les enseignants, mais les tentatives de la jurisprudence pour la réformer se révèlent insuffisantes. Il faut rechercher un autre fondement pour engager la responsabilité civile de l'enseignant ou un autre débiteur que ce dernier, afin que les victimes d'accidents scolaires obtiennent facilement réparation.
(Coll. Logiques Juridiques, 55.00 euros, 750 p.)
ISBN : 978-2-343-11346-3, ISBN EBOOK : 978-2-14-003367-4

SPORT ET DROIT EUROPÉEN
Miège Colin
Le droit européen a eu une influence déterminante sur le sport, à mesure que celui-ci devenait une activité économique à part entière. Lorsque le sport a été intégré dans les compétences de l'Union par le traité de Lisbonne en 2007, les organisations sportives avaient déjà subi de plein fouet l'impact du droit européen avec notamment l'arrêt Bosman de 1995. Voici un panorama complet

des règlements ou décisions de justice qui ont eu un impact sur le sport depuis les débuts de la construction européenne.
(Coll. Le Droit aujourd'hui, 34.00 euros, 328 p.)
ISBN : 978-2-343-11822-2, ISBN EBOOK : 978-2-14-003468-8

LES INNOVATIONS CRIMINOLOGIQUES
Sous la direction de Erwan Dieu
Ce livre s'attelle à circonscrire la théorie et la pratique des modèles d'évaluation et d'accompagnement des auteurs et victimes d'infractions via des présentations d'outils d'exercices et de programmes. Les populations visées sont variées : problèmes d'addiction, de violence, d'infraction sexuelle ou conjugale, etc. Au sein des différents chapitres, des présentations de méthodes concrètes explicitent les modèles qui aujourd'hui démontrent des effets pertinents.
(Coll. Logiques des pénalités contemporaines, 39 euros, 406 p.)
ISBN : 978-2-343-11337-1, ISBN EBOOK : 978-2-14-003517-3

70 ANS DE JUSTICE PÉNALE DES MINEURS
Entre spécialisation et despécialisation
Beddiar Nadia
L'année 2015 marque la célébration des 70 ans de l'ordonnance du 2 février 1945 relative à l'enfance délinquante. Par ce texte, la France a institué, après bien d'autres pays, une justice et un traitement pénal des mineurs véritablement spécifiques. Cet anniversaire offre l'occasion de revenir sur le passé, d'aborder le présent et de se projeter dans l'avenir de cette justice qui se veut singulière. Cet ouvrage permettra au lecteur d'apprécier la richesse des débats et les enjeux fondamentaux de ce sujet pour notre société.
(Coll. Colloques et rencontres, 20.50 euros, 196 p.)
ISBN : 978-2-343-11815-4, ISBN EBOOK : 978-2-14-003530-2

LA JURISPRUDENCE ET LA DOCTRINE
Barraud Boris
La jurisprudence est l'un des phénomènes juridiques les plus problématiques, comme source du droit réel mais non officielle. Ce livre retrace son parcours dans l'histoire de la pensée juridique, longtemps dominée par le légicentrisme. Il s'intéresse également à la difficile identification doctrinale des jugements, arrêts et décisions à portée jurisprudentielle. Il s'attache enfin à la jurisprudentialisation du droit, qui constitue l'une des données les plus remarquables du droit contemporain, ainsi qu'aux critiques que la doctrine adresse à un droit trop abandonné au « gouvernement des juges ».
(Coll. Le Droit aujourd'hui, 29.00 euros, 290 p.)
ISBN : 978-2-343-11552-8, ISBN EBOOK : 978-2-14-003187-8

MESURER LE PLURALISME JURIDIQUE
Une expérience
Barraud Boris
Cet ouvrage propose une approche et une analyse scientifiques et statistiques du pluralisme juridique. Défini en tant que coexistence de sources étatiques et non étatiques de règles de droit, le pluralisme juridique appelle à la fois une réponse

théorique et empirique. Ce livre procède à une enquête de terrain et pose les jalons de ce travail scientifique visant à évaluer l'effectivité du pluralisme juridique en n'ayant d'égards que pour les seuls faits normatifs.
(Coll. Le Droit aujourd'hui, 32.00 euros, 308 p.)
ISBN : 978-2-343-11264-0, ISBN EBOOK : 978-2-14-003156-4

L'EXPERTISE SOUS LE REGARD DE LA PSYCHANALYSE
« Faux-Pas » ou la question des mères
Villa-Portenseigne Arlette
C'est toujours un enrichissement personnel et professionnel pour un-e psychologue que d'être nommé-e par la justice pour éclaircir les zones d'ombre qui obscurcissent la vérité. De pratique hospitalière en expertises judiciaires, la psychanalyse a fait voyager l'auteure de cet ouvrage dans tout ce qu'il y a d'intime dans l'être humain. Au-delà des crimes dont la chronique se fait régulièrement l'écho, ce livre émerge d'une réflexion sur la pratique. Croisant les démarches des juges, des soignants et des travailleurs sociaux, il témoigne des ressources de la clinique face aux itinéraires complexes des individus confrontés à la loi.
(Coll. Psycho-Logiques, 17.50 euros, 164 p.)
ISBN : 978-2-343-11083-7, ISBN EBOOK : 978-2-14-003119-9

LE DROIT DU BIEN-ÊTRE ANIMAL DANS LE MONDE
Évolution et universalisation
Brels Sabine
En ce début de XXIe siècle, les consciences s'éveillent de plus en plus à la protection des animaux. La société reconnaît aujourd'hui la sensibilité de ces êtres vivants et le droit à la protection de leur bien-être contre les souffrances évitables qui leur sont infligées. Un tournant s'opère et modifie profondément notre rapport aux animaux dans la société comme dans le droit. Cet ouvrage fait état de la protection juridique du bien-être animal à l'échelle mondiale et de la possibilité d'établir une protection universelle à l'ONU.
(Coll. Le Droit aujourd'hui, 42.00 euros, 500 p.)
ISBN : 978-2-343-10666-3, ISBN EBOOK : 978-2-14-003201-1

ANNALES DE LA FACULTÉ DE DROIT ET SCIENCE POLITIQUE DE NICE
Année 2016
Strickler Yves
Comme les éditions précédentes, ces annales de l'année 2016 parcourent des domaines très variés passant par l'histoire (affaire Calas), l'actualité (laïcité, statut du Ministère public, relations amoureuses au travail, lanceur d'alertes etc.) sans négliger les questions de principe (la liberté académique).
(Coll. Droit privé et sciences criminelles, 36.00 euros, 354 p.)
ISBN : 978-2-343-11519-1, ISBN EBOOK : 978-2-14-003271-4

MÉLANGES EN L'HONNEUR DU DOYEN ROGER BERNARDINI
Parcours pénal
Les « mélanges » sont un recueil d'articles rédigés par ses amis en hommage à un maître. Le doyen Roger Bernardini a été un grand serviteur de l'Université

et fait partie de ces professeurs qui marquent les esprits. Ses amis ont choisi, pour intitulé de ses mélanges « Parcours pénal », champ qu'il n'a jamais cessé d'arpenter, d'explorer, d'approfondir et de rénover.
(Coll. Droit privé et sciences criminelles, 32.50 euros, 315 p.)
ISBN : 978-2-343-10962-6, ISBN EBOOK : 978-2-14-002983-7

OHADA
Traité de fiscalité des entreprises (Première édition)
Amboulou Hygin Didace
La politique fiscale est souvent reconnue comme le domaine par excellence où chaque État exerce sa souveraineté économique en fonction de ses réalités, ses objectifs et ses potentialités. Mais pour réussir l'intégration économique de l'espace OHADA, encourager les investissements, assainir l'environnement des affaires et atténuer la pression fiscale sur les entreprises, les États doivent harmoniser, unifier ou coordonner leurs politiques fiscales. C'est l'objet de ce traité.
(Coll. Études africaines, 29.00 euros, 278 p.)
ISBN : 978-2-343-10523-9, ISBN EBOOK : 978-2-14-003211-0

OHADA
Code des investissements et des activités économiques (première édition)
Amboulou Hygin Didace
Pour mieux accompagner les opérateurs économiques de toutes origines et promouvoir ainsi les investissements, les États membres de l'OHADA disposent chacun d'une législation et d'une réglementation qui régissent l'ensemble des activités économiques, celles des petites et moyennes entreprises et celles des petites et moyennes industries. En attendant l'harmonisation de ces différentes législations, les voici présentées pour chaque État concerné.
(Coll. Études africaines, 42.00 euros, 464 p.)
ISBN : 978-2-343-10520-8, ISBN EBOOK : 978-2-14-003208-0

OHADA
Traité de droit des transports de marchandises par route et des opérations de dédouanement (première édition)
Amboulou Hygin Didace
Pour mieux comprendre la place qu'occupe le droit des transports dans la politique d'intégration économique des États membres de l'OHADA, ce livre analyse en profondeur les dispositions de l'Acte uniforme du 22 mars 2003 et celles de la Convention de Genève dite «CMR» du 19 mai 1956 encore applicable, ces deux législations étant complémentaires et relatives au contrat de transport de marchandises par route. Grâce à une actualité juridique récente et sélectionnée, ce livre s'impose comme un outil de travail de référence, avec un apport remarquable sur la procédure de dédouanement.
(Coll. Études africaines, 31.00 euros, 306 p.)
ISBN : 978-2-343-10524-6, ISBN EBOOK : 978-2-14-003213-4

L'HARMATTAN ITALIA
Via Degli Artisti 15; 10124 Torino
harmattan.italia@gmail.com

L'HARMATTAN HONGRIE
Könyvesbolt ; Kossuth L. u. 14-16
1053 Budapest

L'HARMATTAN KINSHASA
185, avenue Nyangwe
Commune de Lingwala
Kinshasa, R.D. Congo
(00243) 998697603 ou (00243) 999229662

L'HARMATTAN CONGO
67, av. E. P. Lumumba
Bât. – Congo Pharmacie (Bib. Nat.)
BP2874 Brazzaville
harmattan.congo@yahoo.fr

L'HARMATTAN GUINÉE
Almamya Rue KA 028, en face
du restaurant Le Cèdre
OKB agency BP 3470 Conakry
(00224) 657 20 85 08 / 664 28 91 96
harmattanguinee@yahoo.fr

L'HARMATTAN MALI
Rue 73, Porte 536, Niamakoro,
Cité Unicef, Bamako
Tél. 00 (223) 20205724 / +(223) 76378082
poudiougopaul@yahoo.fr
pp.harmattan@gmail.com

L'HARMATTAN CAMEROUN
TSINGA/FECAFOOT
BP 11486 Yaoundé
699198028/675441949
harmattancam@yahoo.com

L'HARMATTAN CÔTE D'IVOIRE
Résidence Karl / cité des arts
Abidjan-Cocody 03 BP 1588 Abidjan 03
(00225) 05 77 87 31
etien_nda@yahoo.fr

L'HARMATTAN BURKINA
Penou Achille Some
Ouagadougou
(+226) 70 26 88 27

L'HARMATTAN SÉNÉGAL
10 VDN en face Mermoz, après le pont de Fann
BP 45034 Dakar Fann
33 825 98 58 / 33 860 9858
senharmattan@gmail.com / senlibraire@gmail.com
www.harmattansenegal.com